小学校教師を辞めて、世界の学校を回ってみた

世界一周先生
細貝駿 著

セルバ出版

はじめに

初めまして、細貝駿と申します。僕は小学校教師を7年間務めた後、安定した公務員という職を手放しました。そして、「世界中の教育を学び、よいエッセンスを吸収し、公教育に活かす」というテーマを持って世界一周の旅に出かけました。

世界一周の期間は、2019年4月12日から2020年3月20日です。帰国間際は、世界中でコロナウイルスの猛威が広がり始めました。僕はギリギリのところでなんとか帰国できました。

滞在した国は47か国、訪問した教育施設は21か国です。この間に感じたり、学んだりしたことは、僕にとって貴重な財産となりました。

これらのことを僕だけで留まらず、多くの方に知っていただき、教育、幸せ、生き方、生活等について、今一度考えるきっかけになってほしいと思い、帰国後、世界中で出会った人たちのことを思い浮かべながら執筆いたしました。

本書を読んで、少しでも気持ちが前向きになったり、生きるのが楽になったりする人が増え、さらに自分らしい人生を送る人が増えたら、この上ない幸せです。

2021年2月

細貝　駿

小学校教師を辞めて、世界の学校を回ってみた　目次

はじめに

第1章　旅立ちの前

1　世界一周のきっかけ・12
2　葛藤・13
3　ドリームキラー・15
4　いくら失敗してもいいじゃないか。何歳からでもやり直しができる社会・16
5　〜しなければならない思考から、〜してもいい思考へ・17
6　「やる」と決めることの効果・19

第2章　僕が出会った世界の教育

1　世界共通！　ラオスで出会った無邪気な子どもたち・22
2　カンボジアで知った「不便」の大切さ・24
3　集団をまとめるということ・27
4　インドネシアバリ島で思い出した未知のものをつくり上げ、形にするワクワク・30

5 外国で出会う思考しないと前に進めない環境・34
6 世界中の授業を見る立場になって気づいた「子どもは学んでいる」ということ・36
7 スコットランドである少女が教えてくれた「リミットをかけない」ということ・39
8 エチオピアで驚いた我慢の反動・42
9 カナダで知った「プロから学ぶ」大切さ・46
10 先生は完璧じゃない・46
11 アメリカで思った「先生は特別な人じゃない」ということ・48
12 コロンビアで学んだ「リーダーは完璧より人間味があったほうがよい」ということ・52
13 海外の子どもたちが教えてくれた「幼少期からの刺激が将来をつくる」ということ・55

第3章 世界を巡って見つけたよい学校の6要素

1 居心地のよい環境・60
2 人同士がフランクな関係・66
3 子どもが思考しないと前に進めない環境・67
4 学習教材、教具、遊び道具の充実・68
5 大事なことにお金や時間をつかうこと・72
6 ゴールが職員間で共有されている・74

第4章　どんな価値観をもって生きるのか

1　世の中に正解はない。自分が思ったことが正解だ・78
2　思ったときがそのタイミング・79
3　タイでマッサージをしたときに芽生えた「技術じゃない気持ちだ」ということ・81
4　ヨーロッパや北欧で感じた「余裕」・83
5　ドイツで知った細胞レベルで「異なること」を受け入れるということ・86
6　この人の笑顔をずっと見ていたい・87
7　アフリカの車の中で思った「世界は不平等だ」ということ・88
8　エチオピアで聞いたカルマの話・92
9　世界の負の遺産を見て思った「みんな違いをつくりたがる」ということ・93
10　うまく生きるということ・95
11　視点を増やすということ・97
12　みんな違って、みんないいということ・98
13　正解を探す世界・101
14　生きるってもっと楽で、楽しくて、面白いということ・102

第5章　世界一周　旅と暮らしの中で

1　世界中で活躍したGoogleマップ・106
2　中南米の方のパワーの源は肌と肌の触れ合い・107
3　コロンビアの子どもとサッカーをして感じた悪い状況だからこそ培われる力・110
4　ペルーの電車で気づいた「欲に忠実に生きる」・112
5　ポーランドで体験したまずはやってみる！・113
6　デンマークの学生から学ぶ居心地のよい体勢と空間・115
7　日本の子どもは我慢をすることが多い・118
8　ヨーロッパや北欧に学ぶ「大事なことにコミットすること」・119
9　日本人は相手のことを気にかける能力が高い・120
10　ドイツで知った、知って怖かった話・121
11　ドーバー海峡で発生した大事件・122
12　普段からのコミュニケーションで大体は解決する・126
13　ヨーロッパや欧米の人から学ぶ一瞬のコミュニケーションの大切さ・128
14　勝手に埋め込まれている偏見・130
15　経験には意味がないということ・134

第6章　世界一周で初めて知ったこと

1　パレスチナで知った今の日本じゃありえない話・138
2　外国人が自分の意見をもち、自己主張が強い理由・144
3　ユダヤ人の命を救った杉原千畝さん・151

第7章　改めて感じた日本のこと

1　日本の公教育の素晴らしさ・156
2　東日本大震災で学んだ協力・思いやり・奉仕の心・157
3　海外では、芸術教科、運動を学ばない!?・158
4　専門教科に絞るイギリスと満遍なく学習する日本・158
5　思いやる力が世界一・159
6　インドのマザーハウスで感じた日本文化・161
7　世界最強のパスポート・163
8　世界に誇れる礼儀やマナー・164
9　日本は素晴らしい・165
10　あなたは今、余裕ありますか?・167

第8章　帰国

1　世界中の教育施設を巡って学んだ夢の叶え方・170
2　現状を俯瞰し、現状に感謝する力・173
3　期待の反動・175
4　ご機嫌でいること・176
5　やらないことリストをつくる・178

第9章　幸せってなんだろう？

1　カンボジアで知った幸せについて考えること・182
2　インドで知った幸せの話・183
3　デンマーク人から学ぶ「幸せ」とは・184
4　デンマーク人が大切にしているヒュッゲ・185
5　何もしない時間をつくる・186
6　自分の人生を見つめ直す時間をとること・187
7　あなたにとって幸せとは何ですか？・188

第10章　旅の終わりに

1　教育って何だ？…194
2　幸せって何だ？…196

あとがき

【この世界地図への思い】
世界は元々１つのパンゲア大陸でした。今も変わらず１つに繋がっています。この線が広がると、１つの輪になります（平和）。この地図のように、いつかみんなが手を繋いで輪になり、平和の輪が広まりますようにという願いを込めて、一筆で描きました。

（瀧田加奈江）

第1章 旅立ちの前

1　世界一周のきっかけ

世界一周のきっかけは2つある。

1つ目のきっかけは友人の死だ。大学時代に友人が亡くなった。小学校、中学校の友人で、高校から違う学校に入り、連絡も全く取っていなかった。しかし、小学校や中学校で休み時間や放課後によく話をしたのを今でも覚えている。

そんな友人が亡くなったという連絡が突然入った。最初は、何が何だかわからなかったが、受け入れるしかなかった。今まで、祖父母の死を経験はしていたが、「人って急に死ぬんだ」と改めて死を身近に感じた。

2つ目のきっかけは、ある日、恩師が不慮の事故を起こしてしまったことだ。後に解決はしたが、突然の出来事だった。

このとき、「あんなに真面目に生きていて、色々な人に尊敬されている人も、たった1件の出来事で人生が変わってしまうんだ」と思った。「人生いつ何が起こるかわからない」ということを肌で実感した。

この2つのきっかけにより、「何かの縁で生まれてきた命、世の中の悪いこと以外、味わい尽くして死にたい」「世界一周したい」と強く思った。

しかし、そう思ったときは教員として働いていた。そんなときに夏休みをつかって、インドへ行った。インドには世界一周中の旅人が沢山いた。その中に当時34歳の元教員の菜穂子さんがいた。

菜穂子さんは、つい3月末まで、教員として勤めていたが、辞職し、世界一周をしているそうだった。菜穂子さんは、女性で結婚や妊娠など色々なことを考える時期なのにも関わらず、決断をして、旅をしていた。

僕は男性で、当時26歳だった。「何うじうじしてるんだ」と自問自答した。そして「絶対に世界一周に行く」と心に決めた。

そんな思いを抱えたまま、異動が決まっていた島の学校に赴任した。島の学校では公立学校では珍しく校内研究で海外の教育について研究していた。そこで、海外の教育に興味をもった。

その頃、「世界一周へ行く」ということは決めていたので、「どうせならよい時間にしたい」と思い、世界一周のテーマを「教育」に決めた。

僕は教育の仕事が好きなので、世界一周が終わっても再び教員になりたいと思っていた。

だから、テーマは「世界中の教育を学び、よいエッセンスを吸収し、公教育に活かす」に決めた。

2　葛藤

仕事を7年経験し、年齢も30歳を超えた。世間で言われる「よい歳」であろう。沢山の人に、「何のために行くの?」「再就職難しいよ」「試験、また受かるかわからないじゃん」と言われた。同時に「いいね！」「自分の人生を生きていてよい」「羨ましい」などとも言われた。

僕としては、どの言葉も「僕を思ってくれて言ってくれた言葉」として受け入れた。僕の考えに対してネガティブな言葉であっても、「世界一周」に行くことについてよく考え、やれることを模索する機会となった。

時に心ない言葉を浴びたこともあったが、どれだけ言われても、「世界一周に行きたい」という思いがぶれることはなかった。

「世界一周をする」と決めてから、「海外青年協力隊もあるよ」「語学研修もあるよ」と声をかけてくれる仲間もいたが、それには興味がわかなかった。

例えば、「ラーメンを食べたい」と思ったときに、「美味しいオムライス屋あるよ」「美味しい和食屋があるよ」と言われても興味はないのだ。ラーメンを食べたいと思えば、ラーメンが食べたいのだ。これを僕は勝手に「ラーメン理論」と呼んでいる。

また、教員の再就職の難しさについて、そのときの僕は次のように考えていた。

「(再就職の試験に) 受かる人は受かる。落ちる人は落ちる。魅力がある人は受かる。教員7年、世界一周を経験している人のほうが面白いから受かる」

これは今でも同じ考えだ。色々なことを経験して、面白い人のほうが、子どもにとって魅力的だと思うのだ。

大事なのは、魅力ある人間になるということだ。

3　ドリームキラー

ドリームキラーという言葉を知っているだろうか？

誰かが何かをやろうとすると、その夢を壊そうとしてくる人だ。

それは友人かもしれないし、親かもしれない。彼らは「心配だ」という言葉をつかって、自分の物差しで夢を壊しにかかる。厄介なのは、本人が、「夢を壊そうとしている」という自覚がないことが多い。その場合の対処方法として、僕は「感謝」が有効だと思っている。

ドリームキラーは、何かしらの理由で声をかけてきたり、行動を起こしたりしてくる。それは愛情があるものだったり、そうでなかったりするものもある。どれも共通しているのは、「その人のことを少しでも気にしてくれている」ということだ。それはとても有難いことだ。

だから「ありがとう」と感謝を伝え、「あなたが考える幸せは、僕がやろうとしていることをやらないことだろうけど、僕の幸せは、僕がやろうとしていることをやることだよ」と心の中で呟く。

感謝を伝えつつ、自分がやりたいことへ一直線に進むのが大切だ。自分の幸せと相手の幸せは違う。自分が思い描く幸せと相手が思い描く幸せが違うとついつい否定したくなる。それは当然のことだ。知らないからだ。人間、知らないことは不安だし怖い。だからこそ、自分が知っている幸せ像をすすめてくるのだ。

「みんな違ってみんないい」ように、それぞれの思いがある。互いに尊重し合う、理解はできないかもしれないけど、「理解しようとする」ことが最も大切だと思うのだ。

4　いくら失敗してもいいじゃないか。何歳からでもやり直しができる社会

世界一周する前は、正職員というレールの上にいた。周りから見たら「安定した公務員の仕事に就いてよかったね」と思った人もいただろう。

でも、僕は「教員を辞める」選択をし、「世界一周をする」という選択をした。この選択は周りから見たら、「安定した道を捨ててまでやることか?」「そんな簡単に戻れないよ」などという声もあったと思う。

日本は、「一度やめたら、終わり」という見方をする人が多い気がする。しかし、本当はそんなことはない。日本だって、仕事を辞めても再就職はできる。高校や大学の学び直しもいくらでもできるのだ。けれども、周囲は「一度やめたら、二度と帰ってこれない」というような脅しをかける。

僕は、この現象を見て制度は整っているが、マインドが追いついていない状態だと感じる。日本で転校するというと一大事だが、海外の学校では転校は当たり前だ。運動が盛んな学校に行きたいなどの理由で、学年の途中で転校することもよくある話だ。

フィンランドでは、無職の人も一番低い手当てで日本円約6万5000円分の手当てがもらえる仕組みもある。日本でも失業保険はあるし、転職サイトも充実している。起業する人向けに融資を受ける制度も探せばあるのだ。それなのに、「一度外れたらそこで終了」のマインドの人が多い。

なぜだろうか？

それは「自分で選択して、失敗して、また挑戦する」という経験が少ないからだろう。何となく、レールに乗ってここまできたためだ。

自分が想像できないことをやろうとしている人のことを信じられない。自分が経験のないことは怖いに違いない。だから、自ずと「失敗しない。安全で安心できる選択をすること」が多くなってしまうのだ。

5　〜しなければならない思考から、〜してもいい思考へ

日本は社会全体で「〜しなければならない思考」が強いと思う。

「学校に通わなければいけない」「何事も始めたら、最後までやり切らないといけない」などだ。誰も強制をしているわけではないが、知らず知らずに「〜しなければいけない思考」に陥っていることがある。それは、「みんなそうしてるから」「周りから言われるから」など様々な理由からだ。

僕は、時に「〜しなければいけない」という思考は大切だが、時に人を苦しめるきっかけになると考える。人間にはできることとできないことがある。身も心も無理をして壊れてしまったら本末転倒だ。立ち止まったら、一度休憩するのもよい。歩き出したくなったら、また歩き出せばよいのだ。人生は何回でもやり直しはできる。

例えば、「学校に通わなくてはいけない」という思考があった場合、もし学校に行くことで身も

心も参ってしまうのであれば行かない選択肢もありだ。(もちろん学校でしか学ぶことのできないことがあることは承知の上で)学校に行かなくても学びは沢山ある。

大事なのは、その子の自己肯定感をはじめとする精神面だ。もし学校へ行って、自己肯定感が損なわれたり、自信をなくすことになったりするのであれば、学校以外の場で様々な経験をし、自分の得意を伸ばし、自信をつけたほうが今後、生きる力になるだろう。

「何事も始めたら、最後までやり切らないといけない」という思考があっても、身も心もボロボロであれば、意味がない。違う道に行ったほうが活躍できるかもしれないのだ。一度休んだほうが、身も心もすっきりして、以前やっていたことをより意欲的にできるようになるかもしれない。

僕も「公務員になったから、辞めるのはもったいない」という思考が最初は少なからずあった。しかし、公務員を辞めたからこそ、世界一周することができ、様々なことを学ぶことができた。そして、現在また教員になろうとしている。公務員をやり直すことができたのだ。

日本は何回でもやり直しができる社会が整っているが、精神的な面が追いつかず、今やっていることを捨てたり休んだりすることを躊躇してしまう人が多いと考える。

もし、今「〜しなければいけない思考」で凝り固まってしまっている人がいたら、ノートにどんなことを「〜しなければいけない」と思っているかを書き出して、そのすべての項目を「〜してもいい」に置き換えてみるとよい。

また、しなければいけないと考えていたことも、しないことのデメリットを考えたときに意外と少ないことに気づくこともあるかもしれない。僕たちは、知らず知らずに「〜しなければいけない」という思考にはまる。たまに自分を客観視すると思考が整理され、本当に今自分がやるべきことが見えてくるのだ。

6 「やる」と決めることの効果

「30歳を超えて、仕事を辞めて世界一周」と聞くと、「30歳すぎて何をしているの？」と日本人の多くは思うかもしれない。僕の経験でも何人もの人から反対された。実際に僕自身も「30歳で年頃だから」「やっても意味がないと思ったから」など色々な逃げる理由が頭に浮かんできた。

そんなときに何事も「やる」と心の中で決めることの効果は絶大だ。世界一周をやらなかったら一生後悔すると思い、心に「やる」と決めた。決めたからこそ、動き出そうと思った。

そして、僕は「世界一周にいく」と思いを決めてから、色々な人に思いを伝え続けた。モチベーションを保ちつつ、出発の日を迎えた。色々な人に思いを伝えることで、「細貝は世界一周をする」ということを知ってもらった。

第三者にやりたいことを知ってもらうことで、僕がもし世界一周をやらなかったときに、「ほら、やっぱり口だけか」と言われるリスクを背負うことができる。あえて自分の思いから逃げないために、周りに伝え続けた。自分から逃げないための方法として、これはどんな場面でも通用することだ。

今、教育現場を始め、多くの場所で働き方改革が叫ばれている。タスクは膨大な量かもしれないけれど、このことだって決して不可能なことではない。

例えば、「17時に帰る」と決めてしまえば、帰ることは十分可能だと考える。（もちろん状況にはよるが）何が何でも17時に帰ると決めてから、そのことを想定して、仕事を組み立てていけば帰ることができると思うのだ。

以前、インドを旅しているときに出会った旅人加藤宏幸さん（以下加藤さん）は、カレー屋を開くために「東南アジアのカレーを学ぶ旅」をしていた。加藤さんと話したのは、「じゃあお店をオープンする日を決めましょう」と日にちを具体的に決めた。

すると、加藤さんは帰国して、すぐに開店準備を始め、決めた日にちより前にお店をオープンさせた。これも決めたからこそ、動き出したと言える。このように、「決める」ことで物事は動きはじめることが多い。

さらに、決めたときに周りに証人がいたことで、彼のいいプレッシャーになったと思う。何かを始めるときは、不安や迷いがある。しかし、「決める」ことで動き出すことが多い。今後様々なやりたいこと、勝負に出る場面があるだろう。そんなときは、今回の学びを生かしていく。

【加藤宏幸さんのカレー屋さん】
店名：３ＦＬＡＶＯＲ　ＣＵＲＲＹ（スリーフレーバーカレー）
住所：宮城県仙台市宮城野区田子１―10―38

第2章　僕が出会った世界の教育

1　世界共通！　ラオスで出会った無邪気な子どもたち

ラオスで小さな村の小学校へ行った。学校は平屋だった。建物はとても古そうで、窓はない。電気もない。そもそも村全体に電気が通ったのが3年前くらいだそうだ（訪問時は２０１９年）。子どもたちは学校まで2時間歩いてきている。教室は、幼稚園児と1年生、あとはそれぞれ2、3、4、5年生の各クラスに分かれている。６年生からは中学校で学習するようだ。

家庭によっては、お金がなく、学校へ行くことができない子どももいる。

授業は、各15人くらいに分けられていて、子どもたちは授業を受けていた。

放課後、子どもたちと追いかけっこをして遊んだ。最初は緊張した様子だったが、自分から関わりをもったら、段々と笑顔になっていった。子どもたちは無邪気で、言葉はわからないけど、楽しい時間を過ごした。

ラオスの子どもたちは、とてもキラキラした目で僕を見つめて、言葉のわからない外国人の僕を受け入れて、一緒に遊んでくれた。言葉がわからないから、最初はどうなるかと思ったが、打ち解けるのに時間はかからなかった。子どもは様々な環境の中で生きている。もちろん大人も同じだ。

生まれたばかりのときには、同じだった子どもが英語を話す両親の元で育つと、英語を話すようになる、日本語を話す両親の元で育つと日本語を話すようになる。それと同時に、短気で怒り

【図表１　ラオスの子ども】

やすい両親のもとで育つと、短気で怒りやすくなる。温和で優しい両親の元で育つと、温和で優しい子になるだろう。

出会う大人によっても変わってくる。いつも側にいる先生が成果を求める先生だと、「成果主義」になる。過程を大事にする先生だったら、「過程主義」になる。

つまり、関わる大人のフレーム（考えや言動や関わり）によって子どもは変わってくる。大人がどう子どもと関わるかは非常に重要だ。

僕が今後考えていきたいことは、「自分は子どもにとってよいフレームになっているか？」と自分に問いかけることだ。もっと言うと、「僕の都合で子どもの無邪気さ、よさを消していないか？」ということを問いたい。

僕は教師という仕事が好きだ。僕も昔、自分の理想を子どもにはめようとしてしまい、子どものよさを生かせなかった経験がある。

その当時は僕のフレームを子どもに無理やりはめよう

としまっていたのだ。先生がよいと思っていることが、実は子どもの可能性を潰してしまうことがよくあるように思う。

子どもの可能性は無限だ。しかし、残念ながら、先生が集団を統率したいがために子どもの無邪気さ、個性を失ってしまっている姿を見てきた。

子どもと接していて、時には感情的になってしまうこともある。そんなときは、少しでも「この指導、この声かけって子どもにとってどうのかな?」と考えたり、振り返ったりすることで、先生の指導は丁寧な言葉がけとなり、子どもの可能性を引き出すことができる。

教師にとっては、何回目かのその学年の担任かもしれない。しかし、子どもにとっては、その学年でいるのは一生に1回だ。このことを肝に命じて精進していきたい。

2　カンボジアで知った「不便」の大切さ

「不便」という言葉から多くの人は何を連想するだろうか?　不便だから心地のよい生活ができない。不便だから時間がかかる。不便だから、やらなければいけないことが沢山ある……など様々だ。「不便」と聞いて「マイナスのイメージ」を抱く人が多いのではないだろうか。

しかし、僕が行ったカンボジアで、その印象は変わった。「不便」について新しい見方を学ぶことができた。

カンボジアは東南アジアにある国だ。ポルポト政権の独裁政権時は、何人もの、罪なき人々が何の理由もなく殺されてしまった。そのため、ある年代の人間が極端に少ないのが、カンボジア人口の特徴だ。首都プノンペンにはトゥルースレンいう当時、沢山の方々が殺されてしまった場所が未だに負の遺産として残っている。今も多くの人がその場所を訪れる。

カンボジアを観光していると、町のあちこちに、日本をはじめ、中国、韓国など諸外国の国旗が入った石碑や看板があり、各国の支援が入っていることを感じる。カンボジア全土の電気はタイから引っ張ってきている。自国で電気をつくっていないことにもとても驚いた。そんなカンボジアは、「不便」なことが多い。

例えば、交通手段は、日本のように電車が多いわけなく、バスや車に乗り合わせで、目的地に向かったり、買い物も買いたいものがすぐに手に入ったりする環境は少ない。カンボジアで学校修繕に携わったときも、機械より手作業のほうが多かった。

カンボジア人の友達の家に訪問したが、建物は木造で、手づくり感満載。どこからが玄関かわからない。窓はガラスもなく、吹きさらしだった。家の柱もボロボロで、「この家はあとどのくらいもつのだろうか？」と不安になるくらいの家だった。

そんな住宅が集まる場所で、何か問題が起こったとき、周囲とコミュニケーションをとらなければ解決できないことが多い。

子どもたちも遊び道具が少ないため、楽しく遊ぶには、自分で工夫しなければならない。近所の子どもたちは、木の棒で工夫して遊んでいた。たった木の棒だけだがとても楽しそうだった。

【図表２　カンボジアの家】

このようにカンボジアには「不便だから、協力しなければならない」「不便だから、コミュニケーションを取らなければならない」「不便だから自分で考えなければならない」「不便だから、工夫しなければ豊かな生活を送ることができない」状況が沢山ある。

これらの「協力すること、コミュニケーションをとること、自分で考えること、工夫すること」は人間としてとても大切なことだ。

例えば、資源や道具が十分にあって、すべてロボットが作業をしてくれるから、周りと協力したり、コミュニケーションをとったりしなくてよいとする。子どもも大人も含めて、機械がすべて楽しい場や心地よい場を用意してくれて、自分で考えたり、工夫したりする時間が減るとする。

そうしたら、人間はどうなっていくのであろうか。僕は、便利な生活を送っていると、どんどん人間の機能は衰えていくと思う。この10年で携帯電話１つ見ても大きく変化した。今まで人間が自分で考えて、体を動かしてやっていたものがどんどん自動化されてきている。つまり、人間が考えなくてもよい世界になってきているのだ。

だからこそ、「不便」はとても大切な要素だと考える。すべて不便な状況に自分の身を置くのは難しい。しかし、日常の一部にあえて不便な状況をつくることで、コミュニケーションが生まれたり、協力する場面が増えたりすると思うのだ。

不便であるがゆえに、思考が活性化される。人間が「考える」ということはとても大切である。考えることで新たな思考も生まれる。健康にもよい効果をもたらす。教師でも、親でも、子どもに対して、何でも便利な状況を確保するのでなく、少し不便を残しておくことで変わることが出てくる。自分で考える機会が増えることで、受け身だった行動から能動的な行動が増え、自律的になってくる。

僕を含め、大人は世話をするのが基本的に好きだと思う。だからこそ、「子どもが失敗しないように」という愛情で「子どもが不便を感じないような環境」をつくる。大人は何一つ悪気はない。

しかし、それが、子どもの成長するチャンスを奪ってしまう可能性がある。

このことを肝に命じて今後も子どもと接していきたい。

3　集団をまとめるということ

僕がカンボジアの学校を訪れた際、全校児童約１０００人がビシッとクラスごとに整列し全校朝

【図表３　カンボジアの児童1000人規模の学校の朝会】

会を行っていた。朝会では担当の先生が全校児童の前に立ち、話をしていた。

そこで、あたりを見渡してみると全体から外れたところに、20人くらいの児童が整列しているのを見つけた。案内してくれた校長先生に「彼らがなぜ集団から外れているのかを聞いてみたところ、「彼らは朝会に遅刻したから、罰として集団から外れた場所にいる」ということだった。僕はなんとも言えない気持ちになった。

僕は男性で身長も１７９センチある。新任時代は子どもが不適切だと思う行動をした際、怒鳴って指導することもあった。今考えると、とても短絡的な指導だったと猛反省している。

つまり、恐怖で子どもを黙らせていたのだ。身長１７９センチの男性が、怒鳴ったらそれは子どもからしたら怖い。そのときは反省した表情を見せるかもしれない。

しかし、それは根本的な解決になっているだろうか？

もしかしたら反省することなく、「細貝先生の前ではやらなければいいや」という考えを植えつけることになっていたかもしれない。

本当は、子どもが自身のしてしまった行動について反省すべきなのにも関わらず、「先生が怖いからやめる」という思考になってしまう。これは子どもの成長に繋がっていないのだ。

親でも、恐怖で子どもを黙らせる行為は「お母さん（お父さん）の前では静かにすればいいや」という考えを植え付けるだけになってしまう可能性が高い。

カンボジアの学校で遅刻してしまった子たちは、何かしらの事情があったかもしれない。どうしても遅刻しなければいけない状況だったのかもしれない。それなのに、「遅刻した」という1件だけで、全校児童から見られる環境にして、恥ずかしい思いを受ける必要はあるのだろうか？

1000人の規模の集団をまとめるためには、この方法しかなかったのか？　集団をまとめる際に僕たち大人が意識しないといけないことは、その行動（指導）は彼らにどんなメリットとデメリットがあるのかを考えることだ。集団をまとめる際に、一瞬そのことを頭に浮かべることはとても重要だ。

あくまでも、目の前の子どもがよりよくなるために指導がある。その場をやり過ごすための行動（指導）はあまり意味がない。

教師や親も人間だからこそ、時に感情的に子どもに接することがあると思う。しかし、そのままの感情で指導をすると、子どもが自身の行動を本当の意味で省みる機会に繋がらない。そういうときは、3秒間深呼吸してから、子どもと接するように意識していきたい。

4　インドネシアバリ島で思い出した未知のものをつくり上げ、形にするワクワク

インドネシアのバリ島にあるグリーンスクールという学校をご存知だろうか。

2008年バリに開校した未来のグリーンリーダーを育成するために生まれた次世代型のインターナショナルスクールだ。グリーンスクールの教育方針は、企業家精神を養うことだ。行動基準は、「地域に根ざす」「環境保護を優先する」「孫が自分の行動でどのような暮らしになるかを想像する」。これらの基準は、校舎や教育環境、カリキュラムのベースになっている。

校舎はバリ島にある竹をつかい、地元の大工さんによって建てられた。建物の柱も壁も、机も椅子もすべて竹でつくられている。驚くのは自転車まで竹でつくられていた。

授業のほぼすべての学習はプロジェクト学習で進められている。世界各国から生徒が集まり、全校生徒の20％はインドネシア人の奨学生である。奨学生通学のためのお金は、募金や校内にあるリサイクルセンターの売上で賄われている。残りの80％は世界各国の生徒のお金である。

授業は、事前に出された課題についてのディスカッションやプレゼンテーションがメイン。いくつものプロジェクトが生徒主導で行われる。指導者は、教師、地域の人や保護者、ボランティア、そして、プロジェクトをサポートする専門家たちである。そういった沢山の大人が生徒と関わりながら、プロジェクトを進めていく。

プロジェクトは多様にある。その1つにバイオバスがある。バイオバスとは、料理用油を燃料として走るスクールバスだ。提携している学校周辺のレストランから使用済みの調理油を回収し、バイオディーゼルに加工しているので、持続可能な交通手段としてバリで注目されている。

また、敷地内に川が流れており、大きな橋がある。そこでは水力発電で電気をつくっている。できた電気は学校周辺地域に売っている。また、コンポストでできた肥料も地域に売っている。

グリーンスクールは毎日見学ツアーが行われている。僕が行った際は、ちょうど長期休み期間だったため、子どもたちはいなかったが、学校を自由に見学することができた。構内には、カフェ、川、大きな橋、コンポストトイレなど大人の僕が見ていても「楽しそうだな～」と思うような子どもたちの学びの成果物が敷地内に沢山ある。

以前、勤務先の日本の学校全体で、外国の教育について研究していた。外国の教育を何も知らない中、手探りで研究を進めた。まさに「自分たちで未知のものをつくりあげ、それを形にすること」の連続だった。とても楽しかったのを今でも覚えている。学びは本来楽しい。できなかったことができたり、知らなかったことを知ったりするのはわくわくすることだ。

しかし、学校は子どもが「楽しい」と思って夢中で勉強しているタイミングでチャイムが鳴ってしまったり、自分の興味と違う分野を学ぶ必要があったり「～しなければならないこと」が多かったりする。こうした様々な要素が学びをつまらなくしてしまっていることがある。

グリーンスクールは、できた電気や肥料を地域に販売するところまでやっている。このように自分たちが学んだことが成果になり、お金という形になるというサイクルは楽しいと想像できる。まさにビジネスのサイクルだ。このサイクルを小さい頃から経験するということはとても重要だ。

この「未知のものに取り組み、それを形にすること」、さらに言うと、「社会で活かす」ところまで行うことがとても重要だと考える、自分たちの努力が目に見えるものに変わることや周囲の人に喜んでもらえることが次に学ぶ意欲に繋がっていく。

もし僕が小学校3年生の担任だったら、社会科の学習で自分たちが住んでいる町についてまとめたことを他学年に発表したり、新聞にまとめたり、コンテストに応募したりする。

また、小学生の意見として、「こんな町にしたい」のような意見をまとめたものを作成し、町の職員にプレゼンしたり、まとめを町役場や駅などの様々な人が目にする箇所に掲示したりする。こうして学校関係者以外の目に触れる機会をつくる。

もし僕が親だったら、子どもが頑張ってつくった図工の作品を額縁に入れて飾ったり、頑張った計算ドリルをファイリングし、いつも見ることができる場所においたりする。そうすることで子どものモチベーションは確実に上がる。

大事なことは、頑張った成果がしっかりと形になるということだ。こうした積み重ねが、子どもたちの「わくわく」を継続させることになる。

意欲は学びの根源だ。意欲がなければよい学びはできない。今後も、子どもたちがわくわくしながら、学習を進める環境や支援を研究していく。

【図表４　教室（グリーンスクール）】

【図表５　水力発電（グリーンスクール）】

5　外国で出会う思考しないと前に進めない環境

思考しないと前に進めない環境とはどういうことだろうか？　これは私たち大人が普段やっていることと同じだ。例えば、朝起きて、「朝食は何を食べようかな」と考える。今日は洗濯が溜まっているから洗濯しようと思いつく。冷蔵庫の卵がそろそろなくなりそうだから、仕事帰りに買ってこないといけないと思いつく。仕事へ行く……。という感じだ。

つまり、私たち人間は日々思考を繰り返しながら生きている。何も考えずに行動を起こさなければ、何も始まらない。一方、日本以外の国（以下海外）は普段の生活で「自分自身が思考しないと前に進めない環境」がより整っている。

例えば、日本ではバス停でバスを待っていると、バスは必ず停まる。しかし、海外の国によっては、バスが来た時に手を挙げないとバスは停まってくれない。国によっては手を挙げて、尚且つバスの進行を妨げないと停まってくれないこともある。

他にも、道路を渡るとき、自分で自分の存在をしっかりと示さないと車は止まらない。

オランダでは電車の椅子が折り畳んでおり、自分で椅子を倒してから座らないと座れない。すべて自分の意志をもって、手を挙げたり、椅子を倒したりと行動しなければ自分のやりたいことができないのだ。

日本だと、バス停にいるだけで勝手にバスは停まってくれる。電車の椅子も空いていれば座ることができる。あまり考えなくても生活ができてしまうのが日本だ。

手を挙げたり、自分で椅子を倒したりと、小さな行動を自分の意志で行うことがとても重要だ。どんどんと便利になり、考えない世の中で、こうした「自分で思考し、選択し、行動し、物事を前に進める経験サイクル」の積み重ねが「自ら考えて行動する力」を養うことになっていく。

もし僕が担任だったら、教師がすべて環境を整えるのではなく、子どもが思考し、意志を示す機会を確保する。例えば、教室の掃除分担を教師が決めるのでなく、自分たちで考えた場所と役割分担でやってみたり、教室の机配置や席配置も自分たちで考えたりすることができる。

国語や算数の問題プリントも難易度別に用意し、子どもが自分のレベルに合わせたものを選ぶことで、「自分の意志」が入り意欲的になる。

クラスでのイベントや行事も、今まで大人がやっていた部分を、できる限り子どもたちだけで進める機会をつくる。そうすることで、子どもが自分で考える力が高まり、達成感をより味わえると考える。

もし僕が親だったら、子どもが考える機会、子どもに任せる機会をつくる。また、選択する場面を増やす。自分で考え、選択し行動する場面が増えることで、自立心が芽生える。

例えば、小さなことだが、子どもが「喉が乾いた」といえば、親が飲み物を用意するのでなく自分で用意させる。こうして、自分でやる経験を積ませる。子どもが「おもちゃが欲しい」と言えば、今あるものでどうしたら楽しく遊べるかを一緒になって考える。

こうして、今あるもので工夫する経験を積ませる。「子どもが習い事をしたい」と言えば、まずはやらせてみる。やってみることで、習い事が気に入ったり、気に入らなかったりと色々な発見がある。それも子どもの学びなのだ。

やってみる経験により学びが増える。子どもに任せることで、子どもからすると、「信じてもらえている」という感覚になる。それが安心感となり、自分で考えて行動するようになっていく。

これらの「自分で考えて行動すること」で必ず伴うのは「責任」である。自分で考えて、自分で選択したのだから責任が伴う。人のせいにはできない。責任をもった行動を繰り返し行うことで、自立的な人間に近づいていく。

同時に大事なことは、教師や親の心構えとしては、子どもにチャレンジさせてみて、難しい状況があったら、子どもの様子を見て支援することが大切だ。

決してやってはいけないのは放任だ。そして、失敗してしまったときは全力でフォローする懐の深さが大切である。

6　世界中の授業を見る立場になって気づいた「子どもは学んでいる」ということ

教師だった頃、子どもが授業と関係ないことをやっていたら、「あの子は遊んでいる」と判断し、「あの子は授業中遊んでしまう子」という見方をしていたかもしれない。

【図表６　学び方がそれぞれであるが、きちんと学んでいる（カナダ）】

しかし、今回、世界中の学校の授業の様子を後ろから観察したところ、その認識は間違っていたかもしれないということに気づいた。

先生がやりたいことと、子どもがやりたいことは違うかもしれないということだ。ここでよく考えてほしい。もしあなたが教師だとして、２０２０年12月15日２時間目に算数の授業を予定していたとする。そのときあなたは今後の予定も考え、なんとしてもこの時間に算数を進めなければいけないと思っていたとしよう。

しかし、それは、子どももあなたと同じように思っているかというとそうではない。

おそらく、２０２０年12月15日２時間目に算数がやりたい子どもは１人もいないはずだ。つまり、子どもは教師がやりたいことに合わせているのだ。学校とはそういうものだと思い込んでいるのかもしれない。

これは考えてみれば当たり前のことだが、意外とこの事実が大前提にあることを気づいていない人が多い（実際に僕がこの事実を理解していなかった）。僕たち大人は学びたいことを学びたいタイミングで学ぶ。ギターを学びたかったら、ギター教室に行く。プログラミングを学びたかったら、プログラミング教室に行く。そこに必ずあるのは「自分の意志」だ。

子どもは「学校は行かなければいけない」「学校では学ばなければいけない」という周りからの圧力に合わせて、学校で授業を受けている。

さらに、すでに知識があり、行う必要のない子どもも宿題を渡され、家でやってこなければいけない。やらなければ親にも、先生にも怒られてしまうのだ。

もしかしたら、クラスのAくんは、その日のコンディション的には鉄棒をやったほうがよい技ができるかもしれない。Bさんはその日、アイデアがたくさん出てくる日で絵を描いたら、想像を超える絵を描くことができるかもしれない。しかし、そういったすべての子どもの調子や気持ちを考えて授業は組まれていない。

僕たち教師や親は、そういうことを大前提におく必要がある。実際海外の学校の授業を見学していて、教師がやりたいこととは全く別のことをしている子どもがいた。よく観察していると、消しゴムを落としたらどうなるか、鉛筆を転がしたらどうなるかなどの様子を見せてくれた。子どもからしたら消しゴムは柔らかく、角ばっているから落としたら同じ方向だけでなく色々な場所に跳ねながら転がるということがわかったのは素晴らしい学びだ。

もしかしたら、その子にとって、その学びがその時間の一番の学びかもしれないのだ。だから、無理に「前を向きなさい」「今はお勉強の時間です」などという言葉は、子どもからすると「え？僕は僕で学んでいるよ」と心の中で感じているかもしれない。

しかし、子どもはまだ、表現力が乏しいため、自分の気持ちが伝えられないだけかもしれない。僕たち教師は子どもの学びを促進させるために存在する。親だったら、子どもの学びを促進し、様々な面からサポートするために存在する。

この大前提を忘れず、自分の都合で子どもの学びを奪わないように心がけていく。そのために子どもが今どんな状態かということをしっかりと観察する必要がある。

7　スコットランドである少女が教えてくれた「リミットをかけない」ということ

子どもの可能性はもちろん、人間の可能性は無限だ。教師という仕事をしていても感じるし、普段生活していても、つくづく感じる。しかし、教師として働いていたときに、教師が子どもの可能性を狭めていると感じたことがよくあった。自分自身もそうしていた可能性も十分にあり、反省する部分も多い。

スコットランドである日本人家庭にお世話になった。そこの娘のAさんは、小学校2年生で現地の学校に通っている。なんと小学校2年生にして、算数の平方根を学んでいるそうだ。聞くと、幼い頃から毎日机に向かう習慣がついており、毎日短時間で楽しみながら学習しているそうだ。

Aさんの学校を見学させていただくということで、車に同乗したときも、お父さんが「この前解けなかった問題解けた？　あれは〜ということなんだよ」と少しだけヒントを与えると、「あーそういうことか！　やっとわかった〜」とAさんは答えていた。

僕が小学生だったら、「何で車の中で勉強の話をするの？」と苛立ってしまっていたかもしれない。日常で気軽に学んでいることがわかる瞬間だった。その家庭はお父さんが大の数学好きで小さい頃からAさんの特性（記憶しやすい方法、楽しく学べる方法）に合わせて学習してきたそうだ。

つまり、その子に合わせて特別な支援をしてきたということだ。その結果、2年生にして平方根の問題を解くぐらいの力がついた。さらにAさんが通う学校の授業を見ると、Aさんには個別指導の先生がついて学習していた。学校がAさんの特別な支援をしているのだ。日本の特別支援教育は「できないこと」に対して行われることが多い。

しかし、僕は間違っていると思う。人にはそれぞれ個性がある。記憶が耳から入りやすい子、目から入りやすい子、絵で表すと入りやすい子、短時間しか集中できない子、長期間集中できる子など様々である。それぞれに合った特別支援を行うことで、子どもは飛躍的に成長すると信じている。つまり全員に特別な支援をする必要があるのだ。

例えば30人のクラス1人ひとり違って当たり前なのにも関わらず、全員に対して同じ伝え方をしていては、できる子とできない子が出るのは当たり前だ。1人ひとり違うのだから、1人ひとり異なるアプローチを行う必要があるのだ。

たしかに1人ひとりの特性を把握し、それぞれに合った指導をするのは難しい。時間と労力がかかる。全員に対して同じ伝え方をしたほうが楽だ。

しかし、それだと、それぞれの子どもの本当の能力を伸ばすことは難しい。１人ひとり違う環境で育ち、個性がある子どもたちに適した学習を確保することは大変であるが、最も重要なことだ。

そのためにも教師はよりよい教育に向けて日々勉強する必要があると再確認した。教師だけで足りないのであれば、授業映像を録画し、いつでも先生の授業映像を見ることができる状態にして、子どもがどのタイミングでもその子にあった学習にアクセスできる環境を整えることが大切だ。教師が、子どもの可能性を狭めてしまうことだけは避けたいところだ。

もし僕が親だったら、我が子に合った関わり方を模索し、手立てを講じる。例えば、かけ算の九九の学習でその子が耳からの情報のほうが入りやすい子だったら、九九を録音し、いつでもどこでも聞くことができる状態にする。その子が短時間なら集中できる子だったら、学習は短時間で途中でサッと終わりにし、休憩を入れたり、違う学習を行ったりすることにする。

こうした、その子にあった特別支援が、子どもにとって無理のない心地よい指導・支援に繋がる。誰でも苦手なことを強いられるのは辛い。このことを理解し、それぞれに合った手立てを行うことで、子どもはストレスなく伸び伸びと成長することができる。

人間のリミットが外れると、僕らが想像できないくらいの力を発揮することができる。

8　エチオピアで驚いた我慢の反動

エチオピアでは、海外青年協力隊の方と知り合い、その人が働いている小学校に行かせていただいた。子どもたちは、一斉に僕たちの元に集まり、大興奮だった。その様子に違和感を覚えた。

子どもたちのはしゃぎようが異様だったのだ。話を聞くと、見学した学校の先生は子どもを指導するとき、ムチで叩いて指導をするそうだ。実際にムチで叩いている姿は見なかったが、子どもたちへの対応はとても厳しいものだった。

なぜ、あの子たちが異常なほどにはしゃいでいたのか？

それは「普段の生活で我慢をしている反動」だ。普段は、色々な願望があっても、先生が厳しいから何もできない。つまり我慢をしている。

しかし、今回のように、何の指導もしない無害な大人の僕が来たことによって、子どもたちがもっていたエネルギーが爆発したのだろう。指導者は自分の思い通りにさせたいがために、子どもたちが我慢する場面がたくさん訪れる。集団生活を送るために、「我慢」は時に必要だ。

それぞれが他人のことを考えずにやりたい放題やっていたら、様々な部分で摩擦が起こり、みんなが気持ちのよい生活を送ることはできない。集団生活を送る上でも、学校という場で学ぶのもある程度の我慢は必要不可欠だ。

自分のやりたいことを、あれもダメ、これもダメと我慢が多い状態になってしまうと、子どもたちのストレスはだんだんと溜まっていく。それが我慢の反動として様々な部分で現れる。子どもによっては、キレやすくなったり、ストレスを家庭にぶつけたり、自傷に走ったり、ものに当たったりなど様々だ。自分で考えるのをやめてしまい、自分で何事も決められないようになってしまう子どももいる。これは関わる大人の本望だろうか？

教師や親をはじめとする、子どもと関わる大人は、子どもがのびのびと自分のやりたいことをやり尽くす人生を送って欲しいと誰もが願っている。しかし、「我慢」を積み重なることで、様々な問題が生じる。集団生活の中では、我慢も時にはしなければいけない状況が多くあるが、我慢のしすぎが支障を生む。そのバランスが非常に難しい。

僕がこの章で皆さんに感じてほしいのは、「我慢させること」「抑えること」はそれなりにリスクが伴うことを頭に入れてほしいということだ。

また、これは人間の性だと思うが、「我慢しなさい」と言われると、その約束を破りたくなるものだ。例えば、「廊下を走るな」と言われたら、走りたくなる。オランダでは大麻を合法にしたら、犯罪が減ったそうだ。これも、「大麻は禁止」とすることで、人は大麻に興味をもつ。反対に、合法にすることで、日常生活で大麻を目にすることになる。日常生活で目にするからこそ、「大麻の怖さ」を肌で実感する。

だからこそ、「選ばない選択をする」のだ。結果、大麻を使用する人口が減るという仕組みだ。最初からすべてを隠すのではなく、すべてを見せる。大麻でいうと、「大麻は危ないもの」ということを見せることはとても大事なことだ。

もっとも、我慢は悪いことではない。我慢の大切さを証明したものとして、有名なのが1972年にスタンフォード大学の心理学者ミシェル・ワルタさんが行った「マシュマロ実験」だ。

子どもたちは、目の前あるマシュマロを15分間食べずに我慢するように言われる。半数の子どもたちは我慢できたが、残りの半数の子どもはマシュマロを食べてしまった。また、この実験の16年後、世間は驚いた。

実験に参加していた子どもたちについて親の評価を調査した。すると、我慢できた子どもの能力は我慢できなかった子どもたちより高いという結果になった。

さらに、アメリカで行われている大学入試のときに必要な学力テストの結果を比べると、我慢できた子どもたちのほうが高いという結果が出た。

この実験からわかることは、ただ闇雲に我慢するのではなく、「先を踏まえた我慢」が大切だということだ。今回の実験で言うと、「我慢すればお菓子がもらえる」ということだ。この我慢は自分が「お菓子が欲しいから我慢しよう」という意志が生まれる。意志がある我慢と、理由もなく我慢させられるのでは大きく違うのだ。

生きる上で多少の我慢は必要だ。しかし、我慢が多くなることで起こる代償は子どもと関わる大人は知っておく必要があると考える。これらのことを少しでも意識して子どもと接することで、余裕をもった指導・支援ができると考える。

【図表７　エチオピアの子どもたち】

【図表８　エチオピアの学校の授業（授業をさせていただいた）】

9　カナダで知った「プロから学ぶ」大切さ

カナダの学校で、日本でいう図画工作の授業を見学した。人物を描く授業で、子どもたちはデッサン動画を見ながら描いていた。先生も子どもたちと一緒にデッサン動画を見ながら同じ課題をやっていた。先生は子どもに教えていない。むしろ学んでいる。そんな授業だった。

もし日本の先生が、この授業を見たとき、「先生が何も教えていないじゃないか」「これでは先生がいる意味がないじゃないか」と憤慨する人がいるかもしれない。子どもの様子を見ると、とても上手に描いていた。

また、動画は繰り返し巻き戻して再生できるため、何度も何度も再生して集中して描いていた。子どもは間違いなく、意欲的に学習していた。

この授業を見て思ったのは、学校は「子どもが昨日より成長することが大切である」ということだ。その学びが教師の指導によっての学びであっても、映像からの学びであってもどちらでもよいということだ。

10　先生は完璧じゃない

僕は非の打ち所がない人間はいないと思っている。もちろん先生であっても同様だ。だから僕は先生が不得意なことを教えるのであれば、ＩＣＴが発達している現代では、様々なツールをつかったほうがよいと思うのだ。

例えばYouTubeもその1つだと思っている。他にも授業でつかえるコンテンツはたくさんある。しかし、日本は「自分で教えるのがよい」「先生は何でも知っている」というイメージが強いように思える。

先生という枠を外しても、「人に頼らないほうが美しい」というような風潮もある気がする。これは果たしてどうなのか？　教師については、未来ある子どもに対して素人が教えるよりも、その道のプロが教えるほうがよっぽど教育的効果があると思うのだ。

人にはそれぞれ得意、不得意がある。勉強が得意、スポーツが得意、子どもと遊ぶのが得意など様々だ。自分が苦手なことは得意な人に任せればよい。子育てに関しても、子育ては親がずっと面倒を見なければいけないという呪縛があるのではないか。しかし、世の中には、ベビーシッターという子どもを相手にするのが得意な方がいる。そういう方に一時的に預ける手もある。

たまには夫婦水入らずの時間も大切だ。気分もスッキリして、新たな気持ちで子育てに向き合えると思うのだ。子どもにとっても親以外の大人と接することはとても大事な経験だ。

スポーツが苦手な教員がいるとする。世の中には外部指導員という仕事がある。予算との兼ね合いだが、外部指導員も積極的に活用することで、その先生は、他の教科の教材研究の時間につかうことができる。

こうして、自分で頑張りすぎず、みんながみんな助け合うことができれば、もっとみんなに余裕が生まれ、人に優しくできるだろう。そして、ベビーシッターや外部指導員などをつかうことで仕事も増える。みんながＷＩＮ－ＷＩＮになる。これからもっと便利な世の中になる。

これから生まれてくる子たちは、生まれたときから、スマートフォンがあり、プロジェクトマッピングがあるデジタルネイティブだ。つかえるツールやサービスはどんどんつかい、みんなの得意を生かし合えばよいのだ。

日本人は頑張りすぎだ。もっと周りに頼ってよいのだ。周りも頼ってほしいと思っていることが多い。もっと頑張りすぎない、「助けて」「手伝ってほしい」と気軽に言い合える社会を目指していきたい。

11 アメリカで思った「先生は特別な人じゃない」ということ

アメリカの学校に行った際、教室の先生の机には、家族写真や趣味の写真が沢山飾ってあった。おそらく、日本ではあまり見かけない光景だ。日本は公私混同という言葉があるように、仕事やプライベートをしっかり分けることがよいとされている。これは賛否両論あるとは思うが、僕の考えを述べる。

「先生も1人の人間であること」を見せるということは大切だ。

当たり前だが先生も人間だ。好きな趣味があり、守るべき家族がいる。これは誰もが理解している事実である。しかし、日本の社会はこうしたプライベートを仕事に持ち込んではいけないという風潮があると思う。果たしてこれはいかがなものだろうか？

これは、先生のすべてのプライベートをオープンにするという意味ではなく、程々にプライベートを見せたほうがよいということだ。なぜなら、子どもにとっては、先生の家族写真や思い出の品や、趣味の写真を見ることで、先生自身の人柄を見ることができ、親近感が湧くと思う。

先生も家族がいて、趣味があることは頭では理解しているものの、様子がわからないと、現実味がなく、先生は遠い存在であると感じてしまうことがあるだろう。

この「親近感」は教師と子どもの関係の中でとても大切だと思う。親近感があると、先生への言葉かけがしやすくなる。子どもが先生に話しやすい環境があることで、子どもの悩みやつまずきを先生に気軽に相談できる。

先生という仕事は、「先生」という言葉のとおり、一目置かれてしまいがちな職業だ。家庭でも「先生の言うことはきちんと聞くんだよ」と教えられていることも多い。これは決して間違ったことではないと思うが、一目置かれることで、先生との心理的な距離は遠くなるだろう。とても小さなことだが、人間関係をつくるにはこうした、ちょっとした心理的ハードルをなくしていくことはとても大切だと思う。

これは一般社会の中でも同じだと思う。上司の机に好きな野球チームのグッズが置いてあったら、「ジャイアンツが好きなんですね」「昨日は阪神が惜しくも負けてしまいましたね」などの話すきっかけにもなる。「普段厳しい上司もこんな一面があるんだ」と親近感を覚えることにもなる。

もし親が、好きなキャラクターを携帯電話の待受画面にしていたり、好きなサッカーチームのグッズを寝室に飾ってあったりすると、子どもはお母さんみたいに「好きなことに熱中するっていいな」という感情を抱いたり、「お母さん、またキティーちゃんのグッズ買ったの！　可愛い！」など話すきっかけになったりする。

こうして、自分をさらけだすと、わざわざ学校に行って、「先生としての自分」をつくらなくても仕事ができる。僕もそうだったが、学校に行くと、先生モードになってしまう自分がいる。それはそれで仕事なので、プライベートとは違うのでよいのでないかと言う意見もある。

しかし、本当の自分ではない。今までの経験や海外の学校の先生を見た上での僕の意見だが、子どもは先生本来の姿を見たいと思っているところがある。ありのままの自分のほうが自分自身も気持ち的に楽でいられる。先生にはその先生自身の素晴らしさがある。そのままの先生の姿で物事を伝えたほうが子どもに伝わると思うのだ。

以前、同じ職場の同僚だった青山光一さん（以下青山さん）は、子どもの前、保護者の前、同僚の前、家族の前とすべての場面で変わらず、その人自身でいられる方だった。時に保護者や同僚の前で冗談は言うし、いつ見ても変わらない姿は、先生モードになってしまう僕から見たら、「僕にはできないけど、すごい」と尊敬していた（今でも尊敬している）。

今回海外の学校の先生を見て、青山さんみたいにどの場面でも「自分でいること」の大切さを実感した。僕もありのままで生きようと強く思った。

【図表９　学校の先生机の周りには、
先生の趣味や家族の写真でいっぱい（アメリカ）】

12 コロンビアで学んだ「リーダーは完璧より人間味があったほうがよい」ということ

皆さんが思うよいリーダーとは何だろうか？

何でもできて、リーダーシップをとるリーダー？　目立つことはしないけど、チーム全体をよい方向に導くリーダー？

僕がコロンビアで出会ったリーダーは、どちらかと言うと後者のリーダーだった。

その人は学校へ見学に行った際の校長先生だ。校長先生は女性で、年齢も若い。校長としての仕事と、英語を教えている。

その学校には校長室がない。理由を聞くと、「職員とフラットな関係でいたいから」ということだった。さらに学校見学を続けていると、校長先生の英語の授業前に担任の先生が、校長先生の授業準備をお喋りしながら手伝っていた。自分のできないところをわざと見せている訳ではないだろうが、そのときの光景だけで、校長先生が愛されているのがわかった。

こうした人間味のあるところがこの校長先生の魅力だと思った。校長先生は、とても気さくな方で誰かと会う度にハグをしたり、会話をしたりしていた。子どもたちからも大人気だった。

僕も初めて会ったときにハグを求められ、慣れていない僕は少し恥ずかしかった。職員からもあちこちで沢山話しかけられ忙しそうだった。

そんな姿を見て思ったのは、リーダーは完璧でないほうが人間味があり、コミュニケーションが取りやすいということだ。校長先生の人となりも理解することができる。校長先生にとっても、コミュニケーションが増える分、職員のことも理解することができる。お互いの理解と尊重があるからこそ要求もしやすい。

例えば、「校長先生、今度の行事はどういう方向性でいきますか？」とか、「A先生、会議の資料はできましたか？」など校長先生と教員の双方向のやりとりが気軽にできる。

また、リーダーが完璧でなく、人間味があると部下が「自分で頑張らなければいけない」という感情になり自律的になる。結果、部下はリーダーに頼らず、自律する力が伸びる。リーダーがただ頼りなく、何もやらないのはよくない。「完璧でない」というのは、「弱みを見せることができる」ということかもしれない。弱みが見えると人間性が見え、その人と親近感も湧く。

また、校長先生が教員を信頼していなければ、授業準備も誰にも頼まず、自分でやっていたのだと思う。教員を信頼しているからこそ、自分の授業準備も頼むことができるのだ。部下を信頼し、任せることができ、さらに何かあったら、リーダーが責任をもつというリーダーが理想だ。

今まで、すべて完璧なリーダーが理想だと思っていた。

しかし、すべて完璧にできるリーダーだと、「リーダー任せ」のチームになってしまうのだ。何か問題があっても、「リーダーが何かしてくれるでしょう」となってしまう。それではチームのメンバーは育たない。リーダーだけが育つチームになってしまうのだ。チームで大事なことは、チー

【図表10　コロンビアの学校の校長先生】

ム全員の能力を高め、チーム全体の成果の向上だ。

僕が思うよいリーダーとは、完璧ではなく、人間味があり、コミュニケーションを取りやすく、メンバーを信じて任せられ、何かあったら責任をとってくれる人だ。そんなリーダーだと、メンバーは伸び伸び活動できると思うし、何より「信頼されている」という安心感はとても大切だ。

このことは親子関係でも同じだ。親が完璧でないほうが子どもは成長する。親が子どもを信じて、任せることができれば子どもは自律的になる。「任せる」ということは一見、「失敗しそう」と心配になるかもしれないが、「失敗」こそ、最高の学びなのだ。そもそも「失敗」なんてない。

僕は失敗という言葉は、言葉だけを聞くとマイナスなイメージがあるから嫌いだ。その出来事があったから、次の成功があるのだ。僕は、「失敗」よりも「成功へのステップ」と呼んだほうがよいと思っている。世の中に失敗は存在しない。挑戦と振り返りの連続で人は成長するのだ。

僕は器用な人間ではなく、担任をしていたときも、音楽室や図工室など特別教室に移動する際、忘れ物をすることがあった。そういうときには子どもたちが、「先生！　大丈夫？　忘れ物ない？」と聞いてくれた。

「先生が忘れ物してはダメでしょ？」と思う人もいるだろうが、そんな僕のおかげで、子どもが忘れ物を気にするようになっているのだ。こういった具合に、組織のリーダーの人間味があればあるほど、周りはよく育つのだ。

13　海外の子どもたちが教えてくれた「幼少期からの刺激が将来をつくる」ということ

ブラジルの日本人幼稚園に見学に行った。そこでは、３歳がパソコンのキーボードで塗り絵をしていた。もちろん複雑な作業ではなく、キーボードを押すと、塗り絵に勝手に色が塗られていくものだった。こうした簡単な作業でもパソコンに触れるということが大事だ。パソコンに触れることで、段々とキーボードを指で押すやり方、力加減、自分が押そうとしたキーボードを押す感覚などが自然と身についていく。

バリ島で出会った日本人のお母さんは、娘さんに小さい頃から寝る前に読み聞かせをしていた。ただの読み聞かせではなく、「このあとはどうなったと思う？」などと対話しながら、想像力を育むような読み聞かせをしていたそうだ。

現在、娘さんは高校生で学年でトップレベルを誇る学力だ。特に想像力は周りと比べ、群を抜いている。想像力は幼少期のほうが、余計に考えることがなく、柔軟に想像を膨らませやすいと考える。だからこそ、幼少期に想像する経験を積み重ねることはとても大切である。そもそも「想像する」という行為は、「相手を思いやる」「場の雰囲気を察する」「アイディアを生み出す」など様々な場面で活用する大事な能力なのだ。

先述したスコットランドの日本人の2年生Aさんも、幼少期から学習習慣があり、小学校2年生時点で算数の平方根を学んでいる。イギリスの学校は高校から3教科に絞って学習する。高校の時点で3教科に絞って学習を進めるため、専門的な知識が身につきやすい。

つまり、幼少期・青年期の刺激で人間はどこまででも伸びる。だからこそ、幼稚園、小学校、中学校、高校などの学校に通学する期間はとても重要な時期である。

特に幼児期は重要だ。幼児期に基本的生活習慣や意欲、態度など一生に渡る人間形成の基礎を培う。人間は、生後4か月くらいから、脳細胞がどんどん増え続けていく。この時期にどのような教育を受けさせることが重要である。

世界一周で出会った海外の高校生は非常に幅広い分野のことに興味をもっている。それは幼少期、学童期に様々な分野に触れているからだ。それくらい幼少期、学童期からの刺激はとても重要である。

また、僕自身も世界一周の約1年間で様々な景色、文化、人に触れてきた。今まで経験してきた1年間とは比べものにならないくらいの刺激を受けてきた。そのおかげで、多くのことを学ぶことができた。刺激を沢山受けることで、後の充実感が大きく変わることを実感した。

ある実験の話で、5秒間に5回バスケットボールをついた人と、5秒間に2回バスケットボールをついた人では、前者の5回ついた人のほうが、充実感が違うそうである。

つまり、同じ時間を過ごすのでも、刺激が多いほうが、充実感を得ることができるし、学びも多く、視野が広がりやすいのだ。

聞いてみれば当たり前のような話だが、意外とこの話を聞いて、自分が刺激のない生活をしているから、充実感がないということに気づく人もいるだろう。

そんな人は今日からでも、命が燃え尽きるくらいの毎日を過ごすことを始めてみてはいかがだろうか？

現在は「後悔のない人生を送ろう」と思うが、以前の僕はそうではなかった。

数年前、元同僚の青山さんが「駿はどこか手を抜いている。もっと本気で1日1日を生きろ」と言われた。その頃の僕は、「僕なりに本気で生きているよ。青山さんみたく、ストイックに生きるのはできないよ」と心の中で思った。当時の僕には、青山さんの言っていることが響かなかった。

しかし、今ならよくわかる。なぜだろうか？

おそらく、世界一周で様々な境遇で生きている人を目の当たりにしたことと、自分の人生を振り返ったときに、「もっとできる」と思ったからだ。自分に死が来るのも相当遠い話だと思っていたけれど、旅の後受けた健康診断では、まさかの「再検査」の診断を受けた（再検査し、何ともないことが証明されほっとした）。

検査結果を待っているときは、毎日が不安だった。「もし余命1週間です」と言われ、「満足して死ねるか？」と自分に問うたら、「全く満足して死ねない」と思った。「死」は意外と隣にいるということを心底痛感した。

「人生は下りのエスカレーターみたいだ。何もしない人は置いてかれる。ちょっと頑張ってもいつの間にか緩やかに遅れをとる。かなり頑張らないと上へ行けない」

これは青山さんが言っていた言葉だ。僕はまだ本気じゃなかった、32歳の今からでも遅くない。お金は無限だ。しかし、時間は有限だ。人は全員死が待っている。今元気な状態でも明日には、この世にいないかもしれない。日々生活していると、この当たり前のことを心のどこかに忘れ、一日をダラダラと過ごしてしまうことがある。ダラダラ過ごした日の夜にまた後悔する。人は失敗してから学ぶことが多い。

しかし「病気になってから」「事故になってから」など「〜してから」では遅い。今回「再検査」となり、後悔ばかりだった。これももっと日々全力で生きていたら、「後悔」という気持ちにはならなかったと思う。まだまだ成長できるということだ。

今後の人生はさらにギアを上げて、1日1日を大事に刺激の多い毎日を送っていく決意である。

第3章　世界を巡って見つけたよい学校の6要素

1 居心地のよい環境

世界一周では計21か国の教育施設に行くことができた。見学した学校の中で「やっぱりこれが大事だよな」と感じたり、「これはよくないな」と感じたりと様々だった。その中で僕なりによい学校の要素を6つにまとめた。

居心地のよい環境とは、「教師、子ども、保護者、地域住民の4者にとって、居心地のよい環境をつくる」という意味だ。

①教師にとって居心地のよい学校

教師にとって居心地のよい環境は様々ある。まずは職員室についてだ。僕が見た教育先進国の職員室はコミュニケーションの場となっていた。日本の職員室はコミュニケーションというより、個人作業をする場という傾向が強い。

北欧や、ヨーロッパ、欧米の学校は職員室に大きなソファー、コーヒーメーカー、冷蔵庫、キッチンがある。先生たちは、授業と授業の間の時間や休み時間に職員室に集まり、子どもの話をし、情報交換をする。

普段からコミュニケーションをとっているため、職員会議は月に一度だけだそうだ。コミュニケーションの機会が増えると違いを理解し合い、よりよいチームを築くことに繋がる。職員がまとまっているチームは子どもにもよい影響を及ぼす。

また、職員室がない学校は、先生だけがリラックスできる部屋がある学校もあった。そこには、キッチン、冷蔵庫、おやつ、ソファーがあった。先生たちは疲れたときにふらっと訪れ、リラックスするそうだ。

先生も疲れるときもある。１人で携帯電話をいじりたいときもある。そんなときにくつろげるスペースだ。先生がリラックスしていて余裕があると、子どもに対して優しくなれるし、落ち着いた指導ができる。そのためにこうした、先生のみが入れるくつろげるスペースはとても重要だ。

もし日本で実践するとしたら、職員室に先生たちがサッと集まり、おしゃべりできるスペースやソファーに座りリラックスできるスペース、空き教室をつかって、先生のみが入ることのできる休憩室を設置することは可能である。

学校の職員はチームだ。対立ではなく、対話を増やし、それぞれの考えを尊重し合い、時には休む。そんな環境がチーム一丸となった指導支援、余裕をもった指導支援に繋がる。

②子どもにとって居心地のよい学校

次に子どもにとって居心地のよい学校とは何かを考える。

もしあなたの職場の居心地がよかったら、もっと職場で過ごしたいと思うだろう。子どもも同じだ。子どもにとって、学校が魅力ある楽しい場所だったら学校に行きたいと思うはずだ。

「楽しい」という感情はとても大切だ。楽しいには、様々な楽しいがある。

１つ目は、新しいことを知ることができる楽しい、つまり知的欲求を満たすことで楽しいが生まれるということだ。２つ目は、友達と過ごすことで楽しいが生まれることだ。３つ目は、落ち着くことだったり、安心したりするなどのリラックスできる場として楽しいことだ。これはどちらかと言うと心地よいという感情が適切かもしれない。

この３つの要素が合わさって、「楽しい」という感情が生まれる。つまり、この３つの要素を踏まえた環境づくりが重要である。「知的欲求を満たすための楽しい」は授業の工夫だ。新しいことを知ったり、できるようになったりすることは本来楽しいことだ。

しかし、様々なきっかけで「つまらない」という感情に変わってしまうことがある。だからこそ教師は子どもの実態に合わせて学び続ける必要がある。

次に「子ども同士のコミュニケーションが楽しい」は、どのように子ども同士がコミュニケーションをとるかを教師は考える必要がある。その１つのツールとして、ボードゲームやカードゲームは有効だ。教育先進国でもたくさんの種類のカードゲーム、ボードゲームが教室に置いてあった。

最後に「安心できる場」である。教育先進国は廊下にソファーがある学校もある。周囲の視界をシャットアウトする机もある。人間は安全な場所がないと自分の力を発揮できない。余裕がないと冷静な判断はできない。大人も子どもも同じだ。こうした子どもにとっても居心地のよい学校が子どもの学習意欲を高め、学校に行きたいという気持ちにさせるのであろう。

もし日本で実践するとしたら、子どもが様々な分野に興味をもてるように、学級文庫に豊富な種類の本を用意にしたり、ゲストティーチャーを呼んだりする。そうすることで様々な分野の人や物や知識に触れ、知的欲求を満たすことに繋がる。
子ども同士のコミュニケーションを充実させるために、ボードゲームやカードゲームを設置する。他にも、学級イベントやクラス遊び、授業中の対話を増やすなど教育活動のあらゆる場面で、自己表現、意見交換の機会を増やす。これらの経験の積み重ねが相互理解を生み、「学校が楽しい」に繋がる。

安心できる場をつくるには、１人ひとりが心地よい環境とリラックスできる環境が大切だ。１人ひとりが心地よいとは、動くのが好きな子が安心できるバランスボールや不安定な椅子の設置。音に敏感に反応する子専用のイヤーマフの用意などがある。

絨毯やソファーなど子どもがサッと集まり、おしゃべりできるリラックススペースの設置。先生自身の日々多様性を受け入れるマインド設定も重要だ。こうした環境や先生のマインドが子どもの安心できる場に繋がる。

③保護者にとって居心地のよい学校

では、保護者にとって居心地のよい学校とは何だろうか？
保護者が一番知りたいことは「うちの子がどんな学校生活を送っているのか」ということだ。以前教師だった際、保護者の方が、「幼稚園では毎日送り迎えで、幼稚園での様子を聞いていたから安心できた。小学校は学校の様子が全然わからない」と言っているのを耳にしたことがある。つまり、保護者の方は先生ともっとコミュニケーションをとりたいと思うのだ。

しかし、現在の学校は、様々な業務が多く、なかなか時間をとることができないのが現状だ。教育先進国は、学校のあらゆる場所にコミュニティースペースがあり、保護者と先生がお喋りしている。スコットランド、アメリカの学校は送り迎えが必須のため、送り迎え時に先生とお喋りしていた。こうしたコミュニケーションの積み重ねが信頼関係の構築に繋がる。

さらに、地域住民にとって居心地のよい学校とはどんな学校だろうか？地域住民にとっても学校という存在は大きい。どんなことをしているのか気になっている方も多いと思う。先述したように、教育先進国にはコミュニティースペースが沢山ある。そこで地域の方も訪れお茶をすることもあるそうだ。

もし日本で実践するとしたら、保護者や地域住民が交流できるスペースを設置することや保護者や地域住民が交流できるイベントの実施などが考えられる。

こうした4者にとって居心地のよい環境で共通するキーワードはコミュニケーションだ。コミュニケーションが様々な箇所で行われることで、それぞれへの理解度が高まり、信頼関係構築に繋がっていく。

子どもを除く3者が目指すところは、「よりよい学校」だと思う。このゴールを目指して、「では、私たちに何ができるか？」をみんなで考えていく。みんなで同じゴールに向かって走り出すことで、自ずと課題は見え、解決に繋げることができる。難しい問題は多々あるだろうが、諦めずにチャレンジしていく人でありたい。

【図表11　フィンランドの学校の職員室（コミュニケーションの場）】

2　人同士がフランクな関係

コロンビア、ヨーロッパ、北欧、欧米の学校すべての場所で感じたのが、先生同士の仲がよいということだ。授業の合間の休み時間も校長先生が先生同士の会話に入ることもよくある。そのくらい立場関係なく、コミュニケーションをとっている。コミュニケーションの積み重ねでだんだんとお互いを理解し、チームになっていっているのがよくわかった。

コミュニケーションを通して、相手のことを理解する。このことは先生も子どももすべての人間関係で大事だ。先生は忙しいと言われる。たしかに、やるべきことは多い。7年間教員を経験したから、大体の仕事はわかっているつもりだ。その中でも先生同士でコミュニケーションをとる時間を確保できると思っている。

僕が以前勤めていた学校での実践は、休憩時間でカフェ会、ブックトークを行っていた。学校の休憩時間は、15時半から16時15分だ。その時間に空き教室をつかって、おしゃべりをする時間を設けた。毎回人数が偏ったり、参加しない職員もいたりしたが、継続することにした。

ブックトークでは、課題図書を決めて、ブックトーク当日までそれぞれが読んでくる（読まなくても参加可能とした）。ブックトーク当日はそれぞれ本の感想を共有し合い、そこから繋がる話題について対話をした。カフェ会もブックトークも普段の仕事では見えない、先生たちの新たな一面が見えた。よりお互いのことを理解した上で仕事をすると、それぞれが発する言葉が、より深いところまで届いた。

それぞれの素性を知らない仲間で一緒に仕事をするよりも、理解し合った仲間で仕事をするのは全く違う。他にも、食事会や勉強会など、先生同士がコミュニケーションをとる方法はいくらでもある。

たまに、管理職VS職員という構図になることがある。これは果たして子どもにとってよいことなのか？　僕はよくないと思う。なぜなら、職員は管理職も含めてチームだからである。それよりも、「どうしたら、管理職も職員もよい関係がつくることができるのだろうか」というポジティブな思考のほうがよいと僕は思う。

子どもを真ん中にして、こうした様々な関わり合いがよい教育に繋がっていくのだとひしひしと感じている。僕は一職員として自分ができることをしていく。

3　子どもが思考しないと前に進めない環境

人は考える生き物だ。人は自分で思考し、選択し、実行する。そして振り返り、次回に生かす。このトライ&エラーの繰り返しによって成長していく。こうした機会を様々な場所で設けることで子どもは自立していく。

しかし、大人は子どもに対して、「子どもはできないことが多いから、教え導かなければいけない」という考えが心の根底にある人がいる。本人はそう思っていないつもりでも、先生がすべてやってしまい、子どもが思考する場面を奪ってしまう場面を何度も見てきた。それでは教育とは言えない。教師は意識して、子どもが思考し、選択し、実行する場面を設定することが大切だと考える。思考し、選択し、行動するというサイクルは人が生きていく上で、とても大切なことだ。このサイクルを教育で回し続けるのだ。そうすることで、自分で考えて行動する力が自ずと身についてくると考える。

もし日本で実践するとしたら、国語や算数の文章題の問題プリントを難易度別に用意し、子ども自身が自分の理解度に合わせて、選択させたり、学芸会や運動会などの行事で今まで、教員が担っていた仕事を子どもに任せる部分を多くしたりする方法がある。

普段子どもと接するときも、「あなたはどう思う?」とまずは子どもの意見を聞くことを心がけることも、子どもが自分で考える練習になる。

先生は世話をしたがる性質の人が多い。(僕も含めて)先生が動いたら、子どもは先生任せになる。いかに子どもが思考し、物事を前に進める環境をたくさん設けるかが重要だと考える。まだまだ僕自身が勉強不足だ。今後も研鑽に努める。

4 学習教材、教具、遊び道具の充実

教育先進国の学校はとにかく教材教具、遊び道具が充実している。中でも、校内に体験型のゲームが設置してあったり、教科書と学習アプリが連動していたり、レゴ、積木、教育玩具などがあっ

たりする。体を動かしたい子ども向けにバランスボールや椅子の底面が不安定な椅子、教室の隅にはゆったり寛げるスペースもある。子どもたちは休み時間寝転がってボードゲームをしたり、ソファーで寛いだりしている。狭い箇所が好きな子ども専用の体がすっぽりはまるスペースもある。

このように、子どもが学習しやすい環境、リラックスできる環境、遊べる環境、友達と交流できる環境が整っている。

子どもは様々な刺激を受けることで、多方面から物事を考えることができる。教育先進国の子どもたちは、とにかく視野が広かった。理由は、幅広い分野の事柄に幼い頃から触れ、刺激を受けているからだ。

もし日本で実践するとしたら、学級文庫や図書室の本の充実、ボードゲームやカードゲーム、教育玩具を設置する。子ども同士が対話したり、幅広い知識に触れたりすることで視野が広がる。また学習にすぐに何度でもアクセスできるツールとして、授業映像をはじめとする様々な映像をすぐに見ることができる環境を整える。

映像は、巻き戻し、停止ができるから、好きなタイミングで何度でも再生できる。授業映像だったら、何度も再生することで、学習理解に繋がる子どもも多いと考える。活字が苦手な子どもも音と映像で楽しむことができる。

こうした子どもを刺激するツールや環境を整えることで学びは増幅する。子どもの可能性は無限である。子どもの可能性を最大限に伸ばす手立てを今後も模索していく。

【図表 12　それぞれに合った椅子】

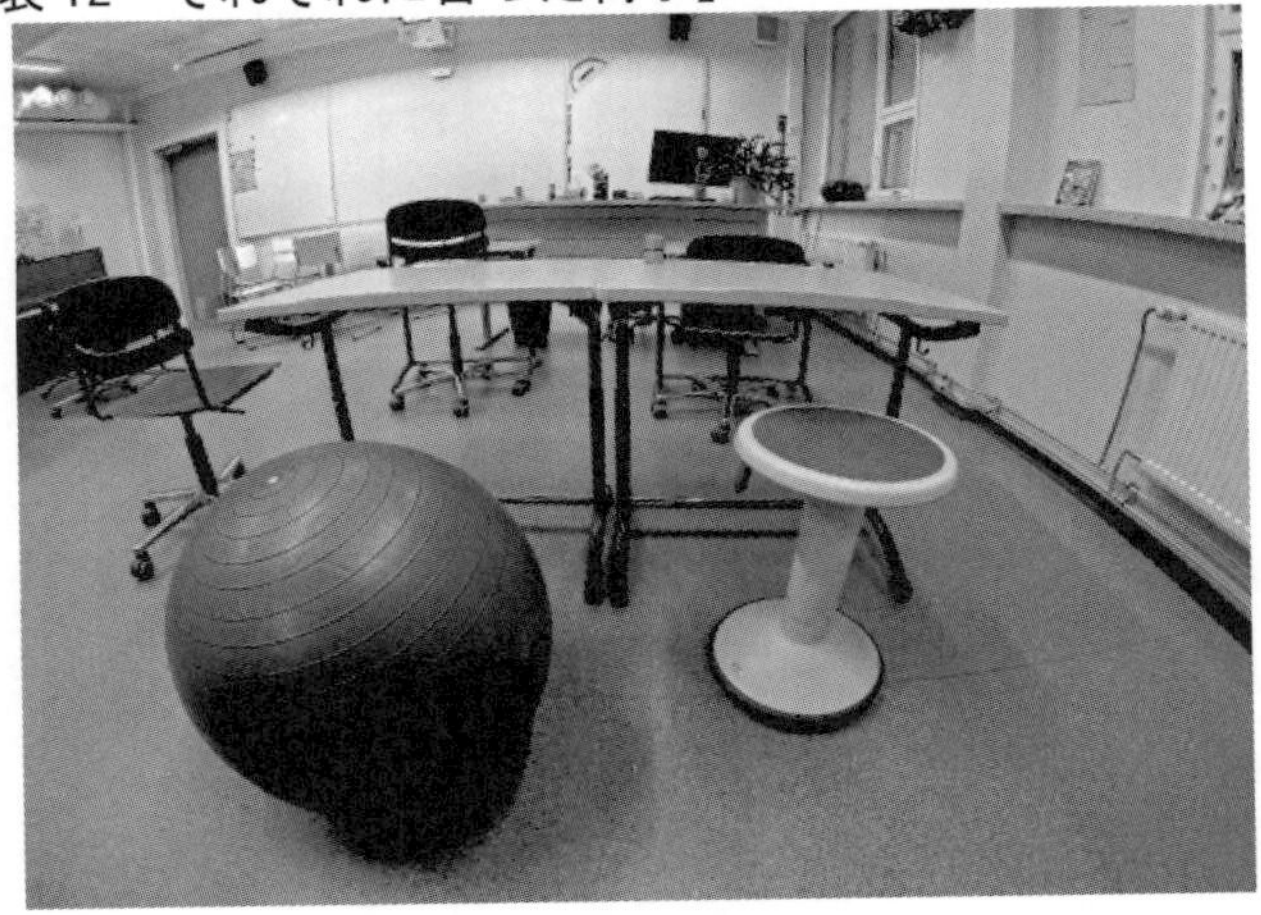

【図表 13　体がすっぽりはまるスペース】

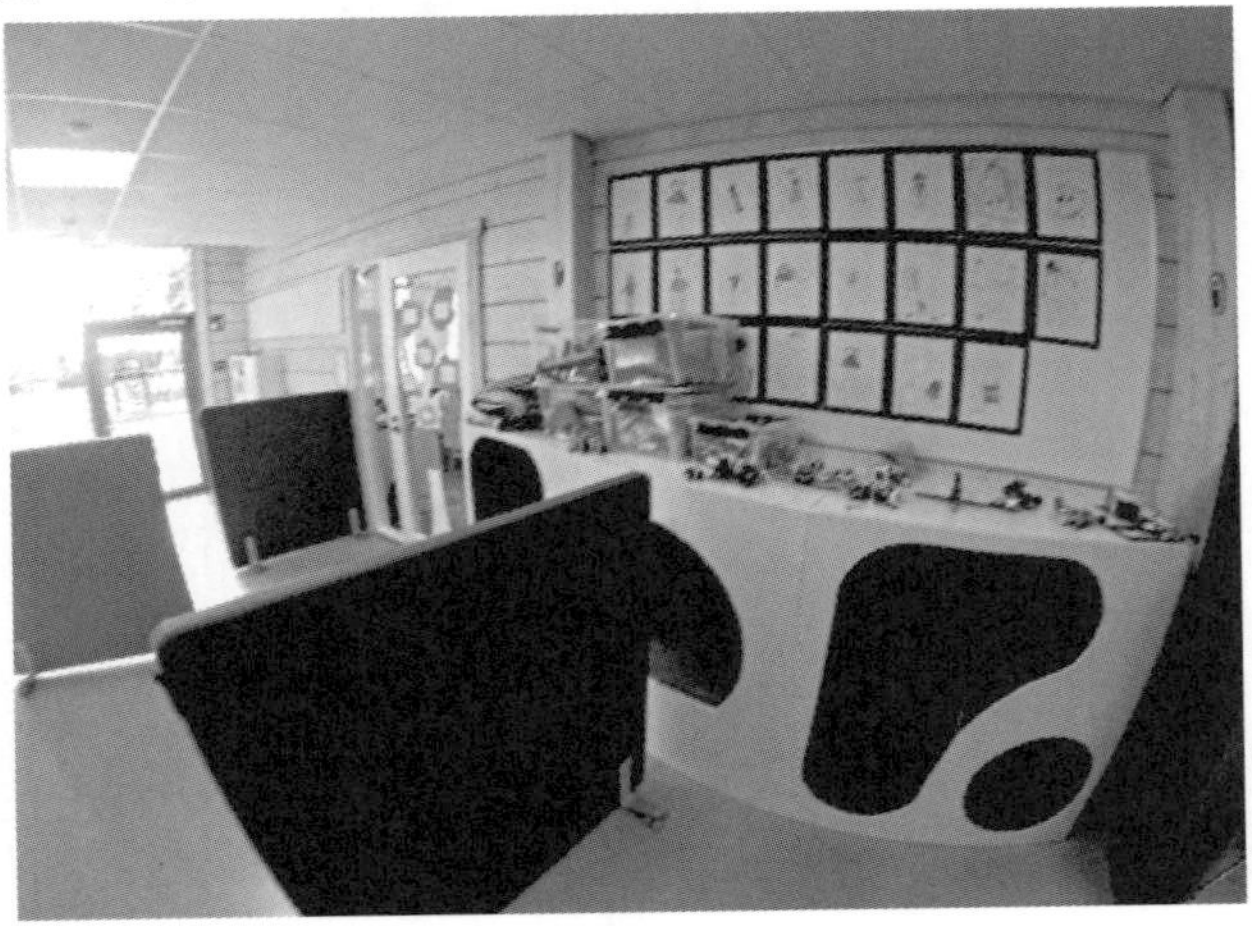

【図表 14　充実した教材や教育玩具、ボードゲームコーナー】

【図表 15　教室の隅にリラックスコーナー】

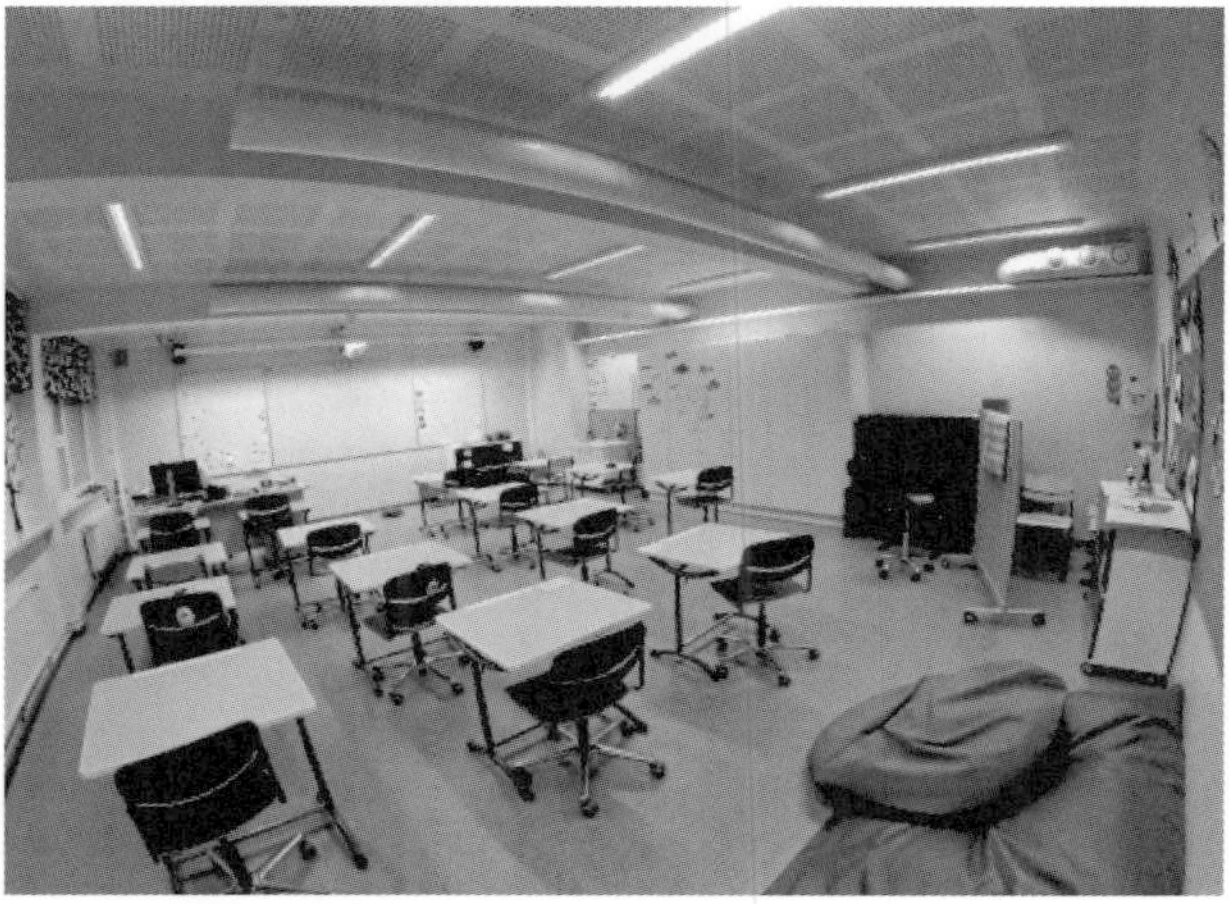

5　大事なことにお金や時間をつかうこと

日本人は、世界で一番周りのことを気にかけることができる人種だと思う。その能力は素晴らしいことだ。しかし、時にその能力はマイナスに働く。周りを気にしすぎて、お金や時間を無駄につかってしまうことがあると思うのだ。

もっと、シンプルに大事なことにお金や時間をつかえば、日本の様々なことやもののクオリティが高まる。あなたは大事なことにフォーカスしてお金と時間をつかっているだろうか？

例えば時間だ。時間は有限であり、誰も元に戻すことができない。だからこそ貴重なのだ。時間の中で、職員の時間を奪ってしまう最たるものが会議だ。

会議もできる限り短く効率のよいものにしたい。もちろん、議論すべきことは省かず、しっかりと議論をする時間を確保する必要がある。フォーカスするためには会議も、事前にホワイトボードや書面で伝えられる部分は伝えておき、会議の議題を減らすことはできる。

他にも今まで何となく行ってきた学校文化について改めて問い直す時間を確保し、必要がないが何となく続けてきたことをどんどんなくしていく。その繰り返しにより、だんだんと本当に必要なことだけが残っていく。もし今までの内容を削り過ぎてしまっても、それが本当に必要であれば、必ず「またやろう」となるはずだ。

次にお金だ。お金も有限である。学校やほとんどの会社には同様に予算があり、慎重につかっていく。しかし、これもまた「今までも買っていたから」という理由で、誰もその物の価値を理解していないのに、毎年購入し続けているものが意外とあることがある。

デンマーク人は家具や照明にお金をつかうそうだ。なぜなら、照明は環境である。環境は人をリラックスさせたり、気分を高めたりする。座り心地のよいソファーに座るとリラックスできる。よい雰囲気が出る照明があるだけで、気持ちが落ち着く。

反対に、薄暗い照明だと気持ちが暗くなる。硬い椅子だとリラックスすることは難しい。よい環境に整えることで、思考が活発になり、仕事がはかどったり、アイデアが生まれやすくなったりするのだ。だから、デンマーク人は環境にお金をつかうのだ。

僕が見学に行ったフィンランドの学校の先生は14時に退勤する。退勤後は、趣味や家族との時間につかう。職員室も会話の場になっているため、会議は1か月に1回ある全体会議のみだ。とても効率がよい。それでいて、フィンランドの子どもは学力が高いと言われている。実際に見学に行った際も、どの先生もとても穏やかで、僕の質問にもすべて答えてくれた。先生たちから「余裕」を感じた。

お世話になった大学の日本語の先生は、14時に帰ってきて、月曜日の夕方から、息子さんと僕と一緒にパンづくりをした。日本で月曜日というと、週の始めということで、とても忙しい曜日だ。そんな月曜日の夕方から、見ず知らずの僕とパンづくりができる「余裕」に驚いた。僕を楽しませたいと言う気持ちがあったとはいえ、なかなかできることではないと思った。

日本人は「今までやっていたから」「歴代の人が積み重ねてきたことを変えられない」などと自分以外の人のことを思って、なかなか変化を起こすことができない状況が多々ある。すべてを削除することはできないが、1つひとつ「これって本当に必要?」と問い直すことで、本当に大事なものが残っていく。

なかなか難しいことだと思うが、対話しながら、よりよい方向へ導く提案ができる人でありたい。

6 ゴールが職員間で共有されている

例えば、ある集団があったとしても、それぞれが目指すべき方向がバラバラだったら、チームとして呼ぶことはできない。大事なのはゴールを共有することだ。学校だったら、「どんな子どもになってほしいか?」などという目指すべき子ども像をしっかりと全職員が共有する必要があると考える。なぜなら、例えやり方はそれぞれ違う方法でも、ゴールが一緒であれば、それぞれの先生が子どもに対してかける言葉はゴールを目指した言葉になる。接し方もゴールを目指す上での接し方になる。もし、ゴールからは外れそうになったときは、全職員で振り返り、修正していけばよい。

先生にも当たり前のように個性があり、それぞれの考えがある。それぞれのやり方が違っていても、「よりよい教育をしたい」という思いは一緒のことが多い。だからこそ、ゴールをもっと具体的に落とし込むことでチームがまとまってくる。最終的にゴールに辿り着けば、やり方が違ってもよい。大事なのはゴールを共有させることだ。

以前勤めていた学校で、学芸会をこれからつくっていくという段階で、職員だけで、「学芸会ってそもそも何？」「学芸会を通して、どんな子どもになってほしい？」など、それぞれの考えを話し合った。その後、今回の学芸会で目指すべき子ども像を全員で共有した。

それから５、６年生にも同じように「どんな学芸会にしたいか？」のそれぞれの考えを共有する時間を設けた。こうして行った学芸会の練習は、先生も子どもに対しての言葉がゴールに向けての言葉かけにコミットし、子どもたちもいきいきとなり、先生と子どもが一緒になって学芸会をつくっていった。終わった後は先生も子どもも、見に来た保護者も大満足の会となった。

ここから学んだことは、やはりゴールの共有だ。それぞれの教師が言うことや対応がバラバラだと子どもも混乱する。それがすべて揃うことで、全員が満足する結果になったのだ。

このゴールを共有するということは、できれば年度の初め、行事ごとに行事をつくる前の段階で行うことで、後の結果が大きく異なると考える。

せめて年度の初めは、「本校ではどんな子どもたちを育てたいか」というゴールの共有を行う必要があると思う。現場でも、なんとか時間を捻出してできることではあると考える。

この「ゴールを共有すること」はどんな集団でも大切だ。職場だったら、「どんな職場にしたいか？」夫婦だったら、「どんな夫婦になりたいか？」家族だったら、「どんな家族になりたいか？」など様々だ。人はそれぞれ違うからこそ、対話をし、お互いの理想となる目標を決め、その目標に向かっていく。そのプロセスがよりよい関係をつくっていく。

【図表 16　ゴールの共有】

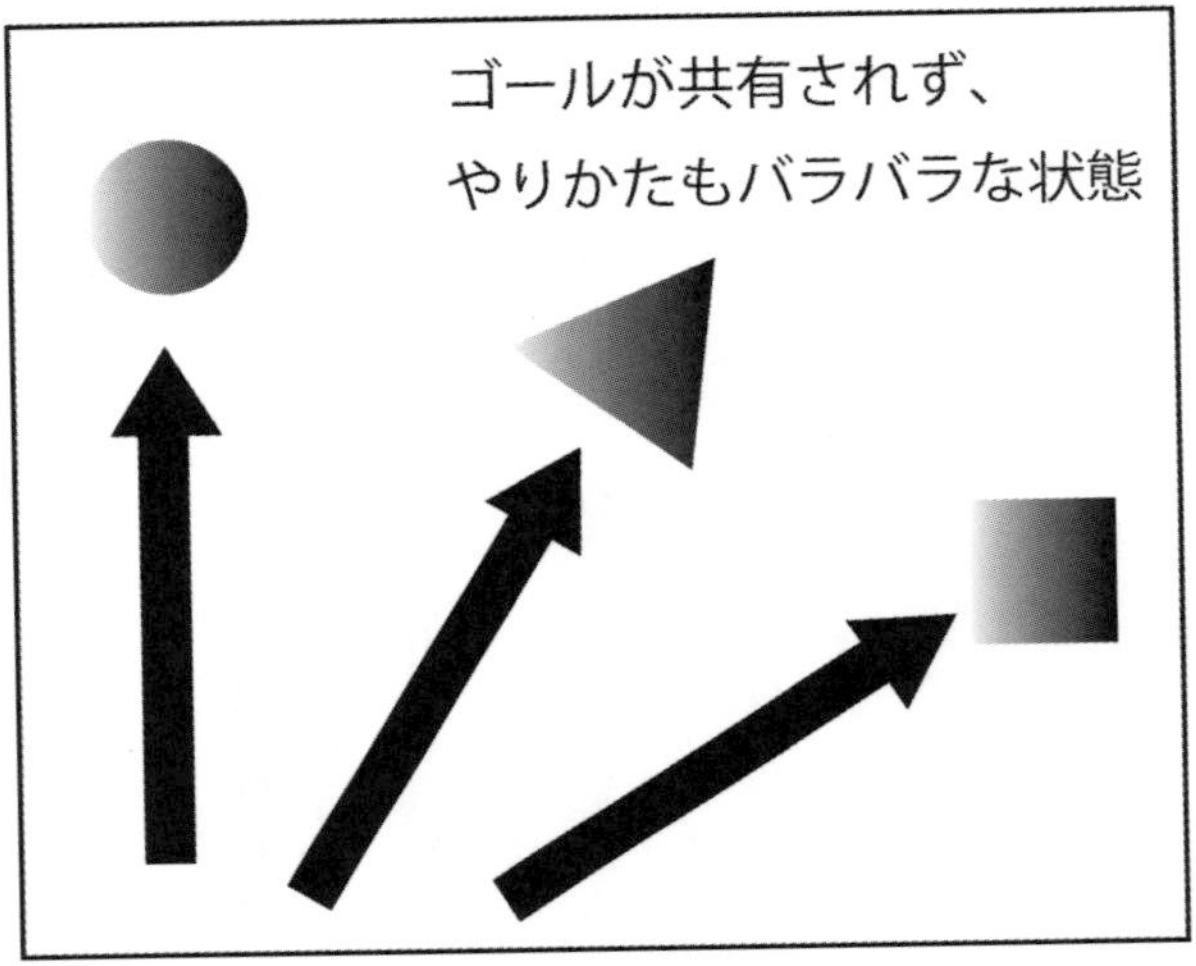
ゴールが共有されず、
やりかたもバラバラな状態

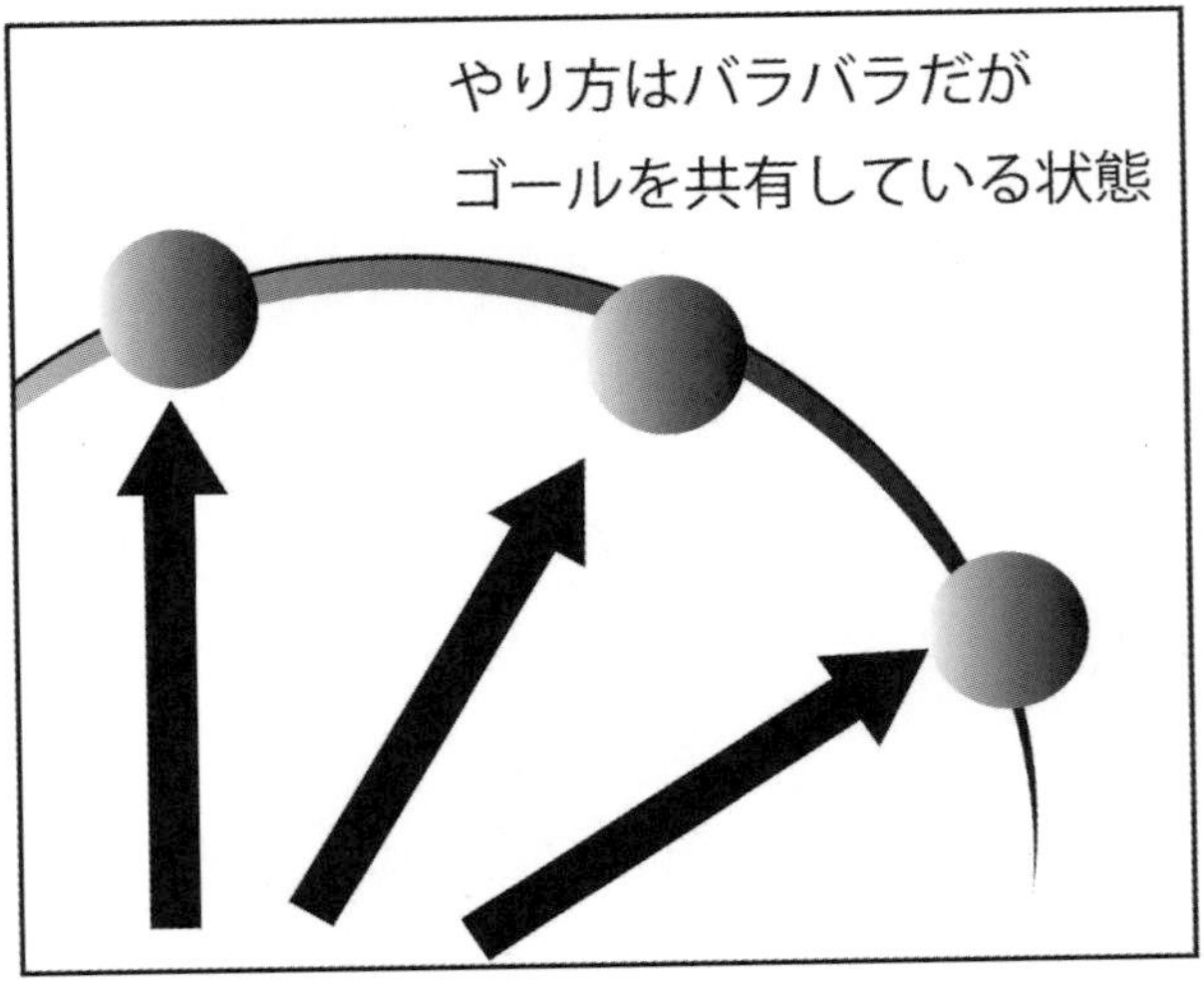
やり方はバラバラだが
ゴールを共有している状態

第4章　どんな価値観をもって生きるのか

1　世の中に正解はない。自分が思ったことが正解だ

僕の人生は今まで、どちらかというと何事も「正解を求める」ことが多かった。「これでいいのかな?」「あっているかな?」という具合にだ。そんな僕がカンボジアで出会ったたくやさんの言葉が印象に残っている。

たくやさんは、あるときカンボジアを訪れ、ゴミを拾って生活している人がいることに驚いたそうだ。そこで、ゴミを拾わなくてよいように、その人たちが働ける場所として、バナナの葉で紙をつくることを始めた。そんなたくやさんの印象的な言葉は次のとおりだ。

「インターン生の中で正解ばかりを聞いてくる人がいる、正解はない、自分が思ったことが正解だよ」

もしあなたが教師だったら、あなた自身が子どものことを考え、全力を尽くしたことが正解だということだ。世の中に算数の答え以外に正解はないと思う。だからこそ、相手に寄り添い、相手のニーズを捉え、自分の全力を尽くしていく。それが大事だということを学んだ、その人が相手やものに対して全力を尽したのであれば、それは相手にとって悪い影響を及ぼすことはあまりない。すべてを尽くしたのであれば、それでよいのだ。

「世の中に正解はない。自分が思ったことが正解だ」

さらに、以前ある講演会を聞きに行った際に聞いた言葉がある。

「選択には意味がない、自分が選択した道を正解にするのは自分次第だ」

この言葉にも感銘を受けたのを覚えている。当時、世界一周の旅に行くかどうか悩んでいたときだった。そんなときにとても勇気をもらった言葉だった。要するに、選択は誰でもできる。その選択が終わったときに、正解だったと言えるようになるためには、選択して、選択した道が終わるまでの自分の行動次第ということだ。

僕の当時の状況に置き換えると「世界一周という選択を正解にするのは自分次第だ」ということだ。この言葉を胸に、よい時間にするために一生懸命楽しんだ。結果、とても充実した旅になったと思っている。

もし僕が教師や親だったら、自分の立場の正解を押しつけるのではなく、子どもの思いを受け止める心をもち、思ったことを全力で表現できる場を用意する。そうすることで、子どもは思い切り自分の思った正解に全力を注げると思うのだ。

もう一度言いたい。世の中に正解はない。自分が思ったことが正解だ。

2　思ったときがそのタイミング

これは旅中何度も経験して出てきた言葉だ。大きなことから小さなことまで沢山ある。例えば、トルコで韓国人のパクくんと出会った。彼とは韓国のこと、日本のこと、世界のことなど様々な話をした。とても有意義な時間だった。

ある日、僕が宿を夕方には出なければならない日に、彼は出かけた。彼が宿を出るとき、「一緒に写真を撮りたいな」と思った。しかし、彼は「夕方までには帰るから」と言っていたので、その時に写真を撮らなかった。すると、彼から連絡があった。それは「夕方に宿には着けない」という返事だった。

つまり、彼と写真を撮る機会を逃してしまった。もし、彼が出発する前に「一緒に撮ろう」と一言言えばよかったのだが、遠慮してしまったのである。

その結果、一緒に写真を撮ることができなかった。他にも、カンボジアで世界一周をしているAさんに出会った。当時世界一周をしている旅人とあまり繋がりがなかったため、彼と出会えたことはとても嬉しかった。短い時間だったが、今後の旅のこと、なぜ旅をしているかなど色々と会話をした。その際も、「後でまた会うだろう」と思い、連絡先を交換しなかった。

しかし、それ以降、彼とは会うことなく、一緒に撮った写真のみが残っている。こういう出来事は多かれ、少なかれ、色々あると思う。僕は今「あのときやっておけばよかった」とならないためにも、思ったことはすぐにやるようにしている。

なぜなら、思いついたことは、そのときが一番ちょうどよいタイミングだから思いついたのだと思うのだ。今回の世界一周も同じだと思う。31歳になる年に思い切って、「世界一周に行く」と決めた。これが早くても、今回のような学びはなかったかもしれない。もう少し後でも、違う学びになったと思う。

「後悔しない人生を送りたい」

これは多くの人が思うことであろう。チャンスはみんな平等とは言い切れないがあると思う。大事なのは、目の前のことをチャンスなのかどうか見極める嗅覚が大事だと思う。その嗅覚が鋭い人はチャンスを逃さず成功しやすい。反対にその嗅覚が鋭くない人は、目の前にチャンスがきても、「怖い」「恥ずかしい」などという理由で行動をやめてしまう。

その嗅覚を鋭くするためには、色々なことを知り、「視野を広くもつこと」と「やってみること」だと思う。何もしていないのに、「普通じゃない」などという理由で、手もつけないのに文句を言ってしまう人もいる。

まずは素直に話を聞く、そしてやってみることが大事だ。人生は一度きりである。後悔しないためにも、まずは素直に「受け入れる」ことと、やってみるという「小さな勇気」という行動力が視野を広げ、チャンスを掴みやすい体にする。僕も皆さんに負けないように行動していく。

3　タイでマッサージをしたときに芽生えた「技術じゃない気持ちだ」ということ

タイでマッサージ師の資格講習を受けた。その際、覚えたてのマッサージを一緒に授業を受けていたパートナーのあやさんに施した。連日講習続きで疲れているだろうと、気持ちを込めてゆっくり施すのと、本人が疲れているだろうと思う部位を意識した。すると、とても気持ちよさそうだった。

そのとき思ったのは、同じ行動でも「気持ち」が入っているのと入っていないのでは、相手への伝わり方が全然違うということだ。同時に、マッサージの場合「相手はどうしたら気持ちがよいか」を追求することで、自ずと技術はついてくると思った。このことはどの分野でも同じだと思う。仕事についても、自分が「社会のためになる」と思ったことを追求していけば、自ずと信頼と収入はついてくると思う。

ここで大事なのは、「自分が努力したから」よりも「相手のことをより考えたか」が大事だ。たまに教員でも「自分が散々教材研究したのに子どもがついてこない」という人がいる。これは大きな間違いだと思うのだ。

いくらその人が頑張っていても、「相手の実態に合わせた指導」という部分が抜けていたら全く意味がないのだ。ただの自己満足に終わってしまう。必ずしも、自分の努力と顧客の成果は比例しないのだ。それよりも、いかに「顧客のことを考え抜いたか」が大事である。

実は僕にも教員になりたての頃、子どもの思いを無視して担任として毎日を過ごす日々があった。当時の僕は「子どもたちのために」と一生懸命のつもりだったが、子どもの実態を踏まえた指導・支援というより、自分が思い描く理想の教育みたいなことに夢中になっていた。

案の定、時間が経つにつれて、子どもたちから反発の意見が出てきてしまったという苦い経験がある。当時は間違いなく、自分では「子どもたちのために」と思っていたが、子どもたちの気持ちを知ろうとしているつもりで、全く理解できてなかった。この経験からも、「まずは相手がどう思うか」を考え、自分のアプローチを考えることがとても大切だと考える。

もし僕が親だったら、自分の子どもに対して「これだけやったのに……」と思うのではなく、「この子は何がしたいのだろう」を徹底的に考えて支援する。それが、自ずと子どもの個性を伸ばし、自己肯定感を高め、よりよい成長に繋がる。

大事なのは、まずは「相手を思う気持ち」だ。

4　ヨーロッパや北欧で感じた「余裕」

余裕は大事だ。このことはほとんどの人が同じように思っていると思う。今回の旅で出会ったヨーロッパや北欧の人はとにかく余裕のある人が多かった。

フィンランドの先生のお宅にお世話になった際も、月曜日14時には帰宅して一緒にパンづくりをした。日本で月曜日の仕事帰りは早く寝たい人が多いはずである。イギリスでお世話になったイギリス人の家庭も、旦那さんが帰宅して、生地からピザをつくってくれた。

僕がいたからもてなしてくれたとは言え、凄い余裕だと思う。余裕があると、的確な判断ができ、周りの人に優しくなれると思う。

そもそも余裕とは、体力的余裕、経済的余裕、精神的余裕、時間的余裕など様々だ。体力的な余裕は、人間は時間の経過とともに衰えるから、永続的な余裕をつくることは難しい。しかし、それ以外の経済的、精神的、時間的余裕は工夫次第でできると考える。

例えば経済的な余裕であれば、副業、副収入の仕方も色々ある。ロバート・キヨサキ氏が「金持ち父さん、貧乏父さん」の本で提唱している、４つの分類がとてもわかりやすい。

世の中の収入の仕方は4種類だという。労働収入のEmployee(従業員)、Self employee(自営業者)がある。また、不労収入のBusiness owner（ビジネスオーナー）Investor（投資家）がある。僕は、できる範囲で、Business owner（ビジネスオーナー）、Investor（投資家）の不労収入をいかに得ることができるかが重要だと考える。

しかし、多くの人は、労働収入がすべてだと感じている。お金とは、労働でのみ得られるものだと思っている人が多い。しかし、限られた人たちは、不労収入を知っており、自分自身の余裕をつくり出している。

これらの違いは情報があるか、ないかの違いだ。つまり、知っているか知らないかだけで、余裕のある生活を送ることができる人と、できない人が分かれるのだ。

経済的な余裕ができれば、労働収入の時間を減らし、時間的な余裕もできる。経済的な余裕ができれば、精神的にも余裕ができる。僕もまだまだ勉強中だが、余裕をつくる方法はいくらでもあると思う。「労働＝お金」と考えている人は、少し考えて、他の方法を考えることで、余裕が生まれるかもしれない。

時間的な余裕に関しては、今まで紙ベースで行われていたことをデータベースにしたり、会議時間の終わり時間を設定したり、会議を行う議題を減らすために掲示板を活用したりとやれることは沢山ある。オンラインが主流になった今、会議を会社に行かず、オンラインで行うことで時間的な余裕ができる。

精神的な余裕をつくるには、何が自分の精神を圧迫しているかを分析し、圧迫しているものを極力減らすことが重要だ。自分のメンテナンスは主に2つに分けられる。体をケアするフィジカルケアと、心をケアするメンタルケアがある。これらの両方をケアすることで、精神的な余裕ができると考える。

フィジカルケアは、温泉、マッサージ、整体などが挙げられる。メンタルケアは、友人との会話、音楽鑑賞、運動などが挙げられる。これらの両方をバランスよくケアすることで精神的な余裕はできてくる。

日本がこれまで頑張ってきたからこそ生まれた素晴らしい文化が沢山ある。一方、「karoushi」という英語があるように、過労死で亡くなる人が多いのも日本だ。「過労死」の英語はないのだ。精神的な病で亡くなる人も多い。死んでしまうまで働くのは異常だ。人間の限界を超えてしまっている。日本人の、「頑張っている人がえらい」というような風潮が、こうした現状に拍車をかけている。

僕は人間の可能性は無限にあるとは思いつつも、無理するのはよくないとも思う。自分のできる範囲で行動することが大切だと思う。日本人は細かい作業ができ、気遣いもでき、優秀な人種だ。だからこそ海外の人からの信頼度も高い。そんな日本人にさらに「余裕」ができれば、もっと生産性が高く、みんなが伸び伸びと活躍できる社会になると考える。これからも、余裕のある人が増えることを心より願っている。

5　ドイツで知った細胞レベルで「異なること」を受け入れるということ

ドイツは、過去の過ちから、移民を積極的に受け入れている。ドイツの町を歩くと、町中に様々な人種の方を見かける。ドイツで、園児45人中22か国の子どもたちが通う幼稚園に見学に行った。子どもたちが遊んでいる様子を見学したが、何も不自由はなさそうだ。むしろ、全く問題はない。ドイツの子たちは生まれたときから、肌が白い人、黒い人、茶色い人、目が黒い人、青い人、緑の人などが普通である。

同性愛の方も多いため、ママが2人、パパが2人などもある。こうした状況が当たり前のようにある。だからこそ、違いを責めることはない。心の底から「異なること」を受け入れているのだ。とても素晴らしいことである。

人間は生まれたときはどの国のこどもも同じだと考える。環境や出会う人や物によって思考が変化してくる。つまり、生まれたときから、周りが「違って当たり前」が日常として生活していたら、「異なること」を受け入れる子どもになっていくと考える。そのためには、大人がもっと相手のよさを認めることが重要である。

相手のよさを認めるとは、まずは「理解しようとする」ということが始まりだと考える。理解しようとすれば、相手のよさがわかる。相手のよさがわかれば、受け入れる心ができる。
知らない、知ろうとしない状況で相手と接していても、その気持ちは相手に通じてしまうのだ。まずは、「相手の世界観を理解しようとする」ことが大事だと思う。

6　この人の笑顔をずっと見ていたい

ニューヨークとブラジルで出会った宮地昇吾さん（以下、昇吾さん）は、元ホストで世界一周をしていた。海外を旅していると学生、元看護師、元助産師、元先生、元車屋、など様々な業種の人と出会う。旅中に日本人との出会いもとても面白いし刺激的である。沢山出会った日本人の中でとても記憶に残っているのが昇吾さんだ。

昇吾さんは元ホストということもあるのか、とにかく気配りができる人だ。相手の少しの変化を読み取り、サッと手を差し伸べる。周りの雰囲気もすぐに読み取り、笑わせてくれたり、時に真剣な話もしてくれたりする。一緒にいて感心させられる部分が多い。

「どうしてそんなに周りを気遣うの？　疲れないの？」と僕はいつも周りを気遣っている彼に聞いた。

「ただ、目の前の人の笑顔を見たいだけなんです」「だから、相手が嬉しいと思うようなことを沢山するんです」と彼は答えた。

とても感動したのを今でも覚えている。笑顔は力になる。笑顔を見て、悲しい思いをする人はあまりいないと思う。笑顔は笑っている本人も嬉しい気持ちになるし、笑顔を見ていると周りも嬉しい気持ちになる。

「目の前の人を笑顔にする」

簡単なようで、難しいかもしれない。それは、常に相手を観察して「何をされたら嬉しいのかな」「今、何を思っているのだろう?」と相手の気持ちを想像することになる。

このことは、どの場面でも大切だと思う。教師や親だったら、「子どもはなぜこの表情をしているのだろう?」「どんなことが好きなんだろう?」と想像を膨らませる。

こうして「相手を理解しようとする」ことがとても大切だと思う。

それが自然とできる昇吾さんは本当に尊敬する。僕もこれから意識していきたい。

7 アフリカの車の中で思った「世界は不平等だ」ということ

アフリカを旅した時に思ったことだ。世界には沢山の人種がいて、沢山の民族が暮らしている。

アフリカのエチオピアには、80以上の民族が暮らしている。民族の村に訪れるツアーに参加した。

僕が出会った民族は、ムルシ族、アリ族、ダサネチ族、ツァマイ族、バンナ族、ハマル族、コンソ族だった。ムルシ族は奴隷貿易の際、奴隷として連れて行かれないように唇に皿をはめ、不細工な顔にしたという。

ツァマイ族は、おでこに刺青をしているのが特徴だ。ハマル族は赤土、バターを髪に塗り込み、女性は全員、日本でいうボブの髪型で統一している。

民族はそれぞれ特徴のある格好で生活をしている。ツアー中に川を通った。その川は、赤茶色の川だった。お世辞にも綺麗とは言えない川だった。さらに見渡すと、その川で洗濯、体を洗う人たちがいた。なんとも言えない気持ちになった。彼らは毎日ここで洗濯、体を洗っているのだ。

比べても仕方ないが、日本はお風呂や温泉があって、洗濯は洗濯機が自動でやってくれる。「ただ生まれた場所が違うだけでこんなにも違うのか」と思った。彼らはこの世に洗濯機という便利なものがあることさえ知らないのかもしれない。

唇に皿をはめるムルシ族、おでこに刺青をいれるツァマイ族、彼らは、その民族として生まれたから、民族の風習に沿った生活をしている。

同じ時間でも、彼らが川で体を洗っている瞬間に、温泉やジャグジーで体を癒している人もいるのだ。たった生まれた場所が違うだけで、生活が大きく異なっている。だからと言って、彼らが不幸せだと言うことではなく、彼らは彼らの幸せ観がある。みんな違ってみんないいと思うのだ。

僕ら日本人は、幸いと言うべきなのか、何不自由ない生活を送ることができている。（彼らは自分たちの状況を不自由と感じていないかもしれないが）僕は、世界は不平等だということを知ってしまった。

これからは世界は不平等だということを認識しつつ、それぞれの立場に感謝し、目の前のことに一生懸命になり、今ある幸せを噛み締めて生きていこう。

【図表17　濁った川で洗濯をする人たち（エチオピア）】

【図表18　民族が住む村の入り口（エチオピア）】

【図表19　ツァマイ族（エチオピア）】

【図表20　ムルシ族（エチオピア）】

8　エチオピアで聞いたカルマの話

エチオピアの民族ツアーガイドのアスマモさんがカルマの話をしてくれた。アスマモさんは主に日本人向けのツアーを行っている。色々な要望を聞いてくれ、融通も聞かせてくれた。ある日の夜、こんな話をしてくれた。

「カルマって知っているかい？　よい行いをすると、よいことが起こる。悪い行いをすると悪いことが起こる。だから、僕はみんなが喜ぶようなことをしている」。

カルマは「過去（前世）での行いは、よい行いにせよ、悪い行いにせよ、いずれ必ず自分に返ってくるという因果応報の法則のことであり、インド占星術の土台であるヴェーダ哲学の根底に流れる思想」と言われる。

僕がどこかの宗教に入っているわけでも、見返りを求めているわけでもないが、どんな行いも自分に返ってくるという考えが、とても大事だと思った。

僕はよい行いを続けることで、いずれ自分にも返ってくるのだろう。「よい行いとは何なのか？」と考えた。それは投じ手と受け手の思いが重なったときに成立する。いくら投じ手がよい行いと思ったことでも、受け手が「よい行い」と思わなかったら、「よい行い」として認定されない。

だからこそ、自分の物差しだけで、何事も判断するのではなく、相手の物差し、気持ち、状況を理解して、自分の思った相手に対するベストな行いを投じることが大切だ。

9　世界の負の遺産を見て思った「みんな違いをつくりたがる」ということ

南アフリカのケープタウンに行った。町中に黒人で大統領に上り詰めたネルソン・マンデラ氏の銅像や写真が飾ってあった。南アフリカは、アパルトヘイトという人種隔離政策があった。黒人は差別され、ひどい扱いを受けた。白人は土地の大半を所有し、黒人は狭い居住区やスラム暮らしを余儀なくされた。マンデラ大統領になり、少しずつ差別は減ったとはいうが、いまだに、タウンシップという黒人専用の居住区として指定された場所に住む人達が多くいる。

今回の世界一周では様々な「負の遺産」と言われる場所に行ってきた。例えば、カンボジアのキリングフィールドだ。ポルポト政権時代に、罪なき人々が皆殺しにされた。ドイツのアウシュヴィッツ強制収容所はナチス政権時に、大量のユダヤ人が殺された。ルワンダのジェノサイドでは、民族同士の対立で、ある日突然、昨日まで仲良く話していた自分とは違う民族の友達が自分を殺しにくるという経験をしたそうだ。ここでも、大量の罪なき方々が殺されてしまった。

人間の根幹の欲求で「自分との違いをつくって相手を攻撃し、自分の存在欲求を満たす欲求」があると思う。なぜなら、カンボジアもドイツもルワンダも簡単に言うと、「僕たちは素晴らしい、あっちの民族が国をおかしくしている。だから、あっちの民族を殺してしまおう」という感じが共通している。

細かく言えばもっと色々とあるかもしれない。しかし、僕から見ればこうした思考に見える。つ

【図表21　ネルソン・マンデラ元大統領（南アフリカ）】

まり、「自分との違いを明確にし、相手を攻撃する」のだ。これは大きな規模（社会）でいうと、これらの負の歴史を生んでいる。小さな規模（社会）でいうと会社や学校のいじめだ。

では、なぜ自分との違いをつくり、相手を攻撃するのか？

それは「心が満たされていないからだ」と考える。自分が満たされていれば、自分のことで夢中で相手を攻撃する暇も時間も気持ちもない。しかし、何かに不満があったり、満たされない部分があったりすると、人のせいにするようになる。責任転嫁するのだ。

これは、視野が狭い人ほど、こうした思考に陥りやすい。視野が広く、1つの出来事を様々な角度から捉えることができる人は、何か問題があったときに多角的に捉え、責任転嫁せず、自分で解決に導くことができると考える。

相手との違いをつくって、自分の価値を高める必要はない。だからこそ、自分がまず幸せになることがとても重要だ。自分が幸せになって、初めて周りを幸せにすることができる。そんな余裕のある人に僕はなりたい。

10　うまく生きるということ

約１年間日本以外の国に滞在して、日本を見つめたときに思うのは、「もったいない」という感情が最初にくる。これは日本の本来のよさをしみじみ感じることができたからこそ、湧いた感情だ。それは、多くの海外の人に出会い、日本についてのイメージを聞いたり、様々な文化に触れたりしたから、日本のよさを改めて教えられた。日本には素晴らしい場所や文化が沢山ある。

しかし、帰国した僕が思う日本は「苦しみながら生きている」というイメージがある。

なぜなのだろう。

例えば収入面だ。収入は先述したように４種類あり、自分の立場で可能なことはいくらでもある。しかし、それらのことを知らず、誰からも教わらず、「お金＝労働」と思い込み、労働に労働を重ね、自分の体、家族を犠牲にしてしまっている人が沢山いる。

また「自分でやりきることが素晴らしい」という風潮から、誰にも頼らず、１人で長い時間頑張り続ける人もいる。

「出る杭は打たれる」。社会で自分のやりたいことを我慢し、毎回の飲み会で不平不満を繰り返す。そんな毎日を送っている人が多い。

僕もかつては、そんな生活を送っていたのかもしれない。うまく、楽に生きる方法は沢山あると思う。経済面で少しでも余裕をもつためにできることはたくさんある。もっと有効活用すべき素晴らしい制度は沢山あるのだ。

ポイントカードもその1つだ。ポイントカードを貯めて、買い物をしたり、マイルを貯めて、旅行をしたりすることができる。ちなみに僕は楽天カードをつかっている。さらに携帯電話は「楽天モバイル」、電気は「楽天デンキ」だ。ガスは「楽天ガス」だ。つまり、携帯電話代、電気代、ガス代でポイントが貯められるのだ。

楽天のポイントスクリーンというアプリを入れると、僅かだが、毎日ポイントをもらえる。貯まったポイントで買い物ができる。アメリカンエクスプレスのマイルが溜まりやすいカードもある。調べてみるとカードによって、得する特典はたくさんあるのだ。しかし、帰国後、アルバイトでレジをしていても、毎回「ポイントカードはご利用ですか?」と聞くが「ポイントカードを貯めない」人も相当数いることもわかった。

他にも、福利厚生、融資、サービスなど、知ることで得する制度が調べれば沢山あるのだ。しかし、ほとんどの人は知らずに、労働だけを頼りに生活をしている。

仕事と副業、副収入をバランスよく行い、ポイントカードやサービス、融資、福利厚生なども有効的に活用する。空いた時間は、家族や趣味、自己研鑽の時間に当てる。そうすることで、随分余裕が生まれると思う。

また、周囲にハッピーをもたらすことができると思う。さらに時間的な余裕をつくるために、ベビーシッターや家事代行サービス等のサービスも様々ある。今の生活が当たり前ではない。少し立ち止まって、「今より賢く生活する方法、今よりうまく生きる方法」を考えてみることが大事だ。

同じ時間を過ごすのでも、得する人と損している人がいるのだ。みんなが今よりうまく生きることで、余裕ができ、目の前の人に優しくできる人が増えることを願っている。

11　視点を増やすということ

世界一周の旅で約1年間海外にいた。そこで、今までの人生とは比べ物にならないくらい沢山の人や出来事に出会った。人と出会う度に、新たな考えに出会い、様々な出来事に出会うことで、新たな価値観に出会うことができた。つまり、人や出来事との出会いが自分の考えを大きく広げてくれた。

世界一周の旅に出なければ、今の状態にはなれなかった。たまに世界一周で価値観が変わったと言う人がいる。変化の要因は、様々な人や出来事との出会いによって、心が動かされ、視野が広がったから、価値観が変わったのだ。そのくらい人との出会い、出来事との出会いは人の人生を大きく変える力がある。

視野が広がることのメリットを考えられるだけ挙げてみる。

①今までの当たり前は当たり前でなくなる。

②今までイライラしていたことも、相手にも事情があることを理解し、優しくなる。
③海外で貧困な生活をしているたちを見て、自分の日本の生活の豊かさを実感し、今の状況に感謝するようになる。
④今まで、「～しなければならない」という思考が強かったが、「～しなくてもよい」という思考になる。
⑤海外の優雅な生活をしている人を見て、「こんな生活をしてもいいんだ」となる。

人は環境によって、自然と思考が固まってくる。知らず知らずに「～しなければいけない」という思考も生まれてくる。そのままいくと、どんどん狭い世界で生活するようになる。大事なのは常に自分をメタ認知（客観視）して、自分の状態を把握することである。

自分の思考が狭くなってきたと感じたら、いつもと違うジャンルの友達と関わることで、思考が狭くなるのを防ぐことができる。常にオープンマインドで、新たな考えを素直に受け入れ、視野を広く、自分なりに考えられる人でありたい。

12　みんな違って、みんないいということ

この言葉は日本人ならほとんどの人が知っているであろう。これは、金子みすゞさんの詩の一部だ。この文はほとんどの人が「よい文だ」と言う。しかし、本当にこの文のように、みんな違って

みんなよいと思っている人がどれだけいるのだろうか？

『人間はどこかで、「あの人は自分より上だ。あの人は自分より下だ」などと優越感や劣等感を感じているのではないだろうか？　本当は誰もが、「違って当たり前、違うから素晴らしい」と思っているのに、こうした思考になってしまう。それはこれまでの経験や環境が１つの要因だと考える』。

例えば、次のような原因が考えられる。

①学校や家族などの集団の中で比べられて育った。
②「普通〜」「常識的に〜」という言葉を聞いて育った。
③不平、不満を聞いて育った。
④親や先生の言うことばかり聞いて育った。
⑤正解を探して生きている。

こうした経験が、自分の物差しのみで相手を見たり、自分と相手との違いを受け入れられなかったりする人格をつくってしまうのかもしれない。

日本人は「普通」「常識」という言葉や環境により、「みんなと同じでなければならない」「目立ってはいけない」「自分のやりたいことを我慢するのが美しい」などという風潮が強い。少し目立ったこと、変わったことをやろうとすると、攻撃されることがある。

よく言われる「常識的に〜」や「普通は〜」の正体は何なのか？　常識や普通はその人（普通や

常識を言う側）のみの物差しであって、言われる側の物差しではないのだ。

例えば、AさんがBさんに対して「普通は箸を机に置くとき箸置きをつかうよね」と言うとする。この「普通」はAさんのみの普通であり、Bさんにとっては「普通」ではないのだ。Bさんの家庭は「箸を直に机に置く家庭で育った」のかもしれないのだ。

こうした例は日常で様々な部分で出てくる。その度にAさんはBさんに対して、「自分（Aさん）にとっての普通」をBさんに強要することになる。そういう思考の人は時にBさんのことを「常識のないとんでもない人」というレッテルを貼ってしまうことでさえある。とてもおかしな話である。

人はそれぞれ何かの縁で生まれてくる。そして、日本、アメリカ、中国など様々な環境の中で育つ。だからこそ色々な個性が育つ。違って当たり前なのだ。みんな違ってみんないいのだ。それぞれの普通があって当たり前で、各々の普通が違ってよいのだ。日本は「出る杭は打たれる」という風潮から、「自分は正しい」とばかりに、「自分の普通」を振りかざす。

大事なのは、いかにその人の普通を認め、理解しようとすることだ。自分には考えもつかない「普通」が目の前に現れたとき、驚いて自分の「普通」を押しつけてしまう気持ちはわかる。僕自身もそんなときはしょっちゅうある。

僕自身も色んな普通を認め、理解しようとし、本当の意味で「みんな違ってみんないい社会」をつくりたい。

13　正解を探す世界

現在の日本は「正解ばかりを探す世の中」になってきているのではないか。自分のやりたいことや世界観を無視して、「これをやったほうがよい」を意識して生きてないだろうか？

もしみんながお互いの存在、価値観を受け入れ、それぞれがやりたいことをやり尽くし、応援し合う社会になったら、もっとみんなが生きやすい世の中になると思う。

「互いのよさを尊重し合い、すべての人がその人らしく輝ける社会をつくりたい」と僕は思っている。

僕が世界一周を決意したときも「よいね。人生を楽しんでいるね」と応援してくれる声もあれば、「一度辞めたら、再就職できないよ」と心配してくれる声もあれば、「何を考えているの？　訳わからない」など心ない言葉を言われることもあった。

応援してくれる言葉はもちろん嬉しかった。心配してくれる声も思いやりなのでありがたかった。心ない言葉はただただ悲しかった。僕には僕の幸せ、正解があって、その僕の幸せと心ない言葉を言った人の幸せ、正解が違っただけなのだ。

攻撃する理由は何もないのだ。知らないことは怖い。知らないから、怖いから、「やめろ」と言うのだ。自分の想定する正解でないから、また、「自分ができないから」という「羨ましい」という気持ちで攻撃する人もいる。

では、こうした攻撃したいという気持ちはどこから来るのか？

これは、自分自身が充実していないからだと思う。自分自身が何かに打ち込んでいて、充実していたら、相手や周りのことは気にならないのだ。

話は「まずは自分自身が幸せになる」ことが大事という話に戻る。これだけ相手を攻撃する国民性は、日常で相当な我慢を強いられているからなのかもしれない。

もっと楽に、もっと自由に肩の力を抜いて生きる日本人が増えてほしいと願っている。

14　生きるってもっと楽で、楽しくて、面白いということ

帰国して、久しぶりに友人と食事をした。驚くほどに一緒にいた時間のほとんどが職場の愚痴ばかりだった。せっかく久しぶりに会った友人だったので、楽しい時間にしたかったが悲しくなった。こんなにもストレス社会なのかと驚いた。もしかしたら、世界一周前は僕も同じだったのかもしれないと思うとゾッとする。

日本は、「出る杭は打たれる」という言葉があるように、目立つと叩かれる傾向がある。客観視してみるととても悲しい状況である。自分たちで潰しあっているのだ。

このままでよいのだろうか？

僕が海外で出会ってきた人たちは、月曜日の夕方から家族でパンづくりをしたり、父親が家事をいつもやっていたり、家族でゆっくりする時間を毎日とっていたりしていた。彼らは決して無理は

せず、だけど、しっかり働いていた。そして、とても穏やかで幸せに溢れていた。

数年前フィリピンのある島に行った際も、昼間からお酒を飲み、友達と毎日ビリヤードをしているおじさんたちも、決して裕福そうには見えなかったが、常に笑顔だった。

オランダの学校に行った際、校長先生が、こう言っていた。

「僕は週4日働いている。妻は週3日働いている。合わせて1週間だろう。それでよいじゃないか？だって家族との時間、恋人との時間、趣味の時間は大事じゃないか？」

これを聞いたとき、激しく同意した。しかし、その後心の中で「でも……」という言葉が出た。そのときは「でも仕事をしないと収入を得られないよ」と思っていた。

今はあのときオランダの校長先生が言っていた言葉に心から賛同できる。なぜなら、校長先生が言うように、まずは教師自身、自分自身の幸せを第一に考えることが最重要だと考えるからだ。自分自身が幸せであることが、教師や親だったら、子どもを幸せにすることに繫がる。

日本人を見ていて、とても息苦しく生きているように見える。周りの目を気にしながら、上からの理不尽な要求にも耐え、少ないお金で働かされている。帰国後、10年以上ぶりに、派遣の仕事を行った。そこでとても驚いたことがある。

それは派遣のアルバイト中に「（名前も呼ばれず）おい！」などと呼ばれて仕事をしている人がいるということだ。その人たちに「なぜ社員にならないのですか？」と聞くと、「責任のあることをやりたくないから」と口を揃えて言った。

こんなにも我慢しないと収入を得られないのかと愕然とした。今の日本は、権力をもつものは威張り、権力のない者はそれに従わないと収入を得ることができない。権力がある人が知らないことを誰かが行うと潰される。そんな社会だと感じる。

もちろんすべてではない。しかし、多くの組織に当てはまるのではないかと考える。もっと他のやり方を学び、自分に自信をもち、自分らしく、自分の個性を爆発する日本人が増えてほしい。そのためにも、もっと楽な生き方を模索する必要がある。一番は経済面だ。先述したように、収入の仕方は色々とある。

最近ではオンラインサロンなどコミュニティーをつくり、その中でお金を稼ぐ人もいる。あくまでも労働＝お金の時代は終わりを迎えている。賢く、自分に余裕をつくり、自分の生き方に邁進する人が少しでも増えてほしいと願っている。

生きるのって楽で、楽しくて、面白い。みんなが楽に生きる方法は意外と探せばある。あまりにも今まで「労働＝お金」と洗脳されてきているため、他の収入方法を考えようとしない人が多いと感じている。

お金の他にも、先述したように、ポイントカード、福利厚生、サービス、融資など、自分が利用できるお得に生きる方法は沢山あるのだ。ただ、「知らないだけという場合がほとんどだ」と考える。大事なこと、大事なものにお金と時間をつかい、少しでも余裕のある人が増えれば、もっと平和な社会になると思っている。

第5章　世界一周　旅と暮らしの中で

1　世界中で活躍したGoogleマップ

僕は、今回の旅でGoogleマップをよくつかった。まずは、事前に行きたい所の情報を調べ、Googleマップに印をつける。その後、マップを頼りに目的地へ行く。だからこそ、無事にたどり着けることが多かった。そういう面で数年前より格段に旅をしやすい世の中になっている。とてもありがたい。

しかし、その弊害もあった。いつもマップを頼りに歩いているため、行き方を覚えていないのだ。地図を見ながら歩くため、道を覚えない。つまりマップに「頼っている」のだ。いつも頼っているから、もしこの世界からマップがなくなったら、僕は目的地に辿り着けないだろう。

この「頼る」ということはとても怖いことだ。頼るということは、頼るものがなくなったときのショックがとても大きい。この原理は様々な分野で起こる。例えば、友達だ。「彼は絶対に裏切らない」と思っていると、その彼も色々事情があり、裏切らなければいけない状況が来るかもしれないのだ。

「頼る」と「期待する」はとても似ている。期待すると期待が外れたときの衝撃は大きい。このことを学んでからいつも「フラットでいること」の大切さを学んだ。

フラットな状態というのは、周囲でどんな出来事があっても動じない落ち着いた心だ。いつもフラットな状態でいれば、どちらにもスッと気持ちも体も移動できるのだ。それから僕は、「常にフラットでいること」を意識して生活している。生きていく上でとても必要な能力だ。

2　中南米の方のパワーの源は肌と肌の触れ合い

中南米は、メキシコ、コロンビア、パラグアイ、ペルー、ブラジル、アルゼンチン、エクアドル、ボリビアに行った。中南米に行くと町中で、男女、男同士でハグやキスをしている。それが日常だ。メキシコのメキシコシティでたまたま入ったレストランは舞台で演奏者が演奏していて、食事に来ているお客さんは、お客さん同士でダンスを踊る。周りのお客さんはそれを見ながら、食事を楽しむレストランだった。

そこには、汗だくになりながら色々な人と取っ替え引っ替え踊る見た目60歳くらいのおじさんや、見た目70歳くらいの白髪頭でお互いのしわしわになった手をしっかりと握りながらゆっくりと踊る老夫婦や目が合った人とすかさず一緒に踊るアグレッシブな50歳くらいの女性など様々な人が目一杯楽しんでいた。

日本で同年齢くらいの方々が汗だくになりながら、知らない人の前で踊る人がいるだろうか？

年配の人々でもとてもエネルギーに溢れていた。町を見渡しても、周りのことなど気にせず、みんなが愛を確かめ合っている。

肌と肌の触れ合いはエネルギーの交換であると聞いたことがある。僕もそう思う。ハグを始め、肌と肌が触れ合いと温まりを感じる。愛を確かめ合うことはエネルギーが出る。人間としてとても大切だと思う。

しかし、最近はセックスレスという言葉もあるように、エネルギーの交換が行われないパートナー同士もいる。これはとてももったいない。例えるなら、性欲から生まれるエネルギーを出す方法を知っているのに、それを有効につかっていないのだ。

サッカーの試合を見るとわかるが、中南米の人はとてもアグレッシブなプレイをする。これも普段から肌と肌の触れ合いをしているからこそ、出てくるエネルギーの賜物だ。

日本での挨拶はお辞儀が基本だ。ここでも肌と肌を触れない。海外は握手やハグ、キスなどがある。これらの身体接触はやってみるとわかるが、相手の体温や息づかいも感じることができる。家族内、学校のクラス内、会社内でもできる握手、ハイタッチ、ハグなどを実践することで、もっと相手のことを理解できると思うし、元気が出ると思う。

これは僕が以前勤めていた学校での経験だ。僕は自分のクラスの子ども以外でも、会う度にハイタッチをするように努めていた。できる限り多くの子どもと関わりたいから行っていたことだ。

僕が離任する離任式のとき、驚いた光景があった。ハイタッチをしていたが、会話をすることのなかった子どもたちが泣いていたのだ。僕はその姿を見て泣いた。このとき直接の会話はないものの、「ハイタッチ」で人は繋がるということを実感した。

身体的な距離を縮めることは、心理的な距離を縮める。コミュニケーションの方法として、ハイタッチ、握手は今後も続けていく。

【図表 22　お客さん同士で踊るレストラン（メキシコ）】

【図表 23　舞台で演奏者が演奏している（メキシコ）】

3 コロンビアの子どもとサッカーをして感じた悪い状況だからこそ培われる力

コロンビアの学校で体育の授業を見学した。学校には日本でいうような校庭はなく、近くの公園のグラウンドに移動した。そこには、網のないサッカーゴール兼バスケットゴール、サッカーコートぐらいの広さのグラウンド、数か所遊具があった。そこでサッカーをした。

子どもたちは、靴を履いている子もいれば裸足の子もいる。グラウンドはお世辞にも綺麗とは言えない、ボコボコに荒れたものだった。その中でも、子どもたちは器用に足をつかい、ボールをコントロールしサッカーを楽しんでいた。そこで思った。

「こうした悪い状況だからこそ、イレギュラーなバウンドにも対応できる足のつかい方ができるようになったんだ」。

たしかに、南米のプロサッカー選手は足捌きが上手い。これは同じように、悪い状況でこそ、培われた能力だ。

つまり、綺麗ですべてが整った場所では培うことのできない能力なのだ。このことは、どんな場面にも同じことが言える。

一方、日本は網のあるサッカーゴール、綺麗に整備されたグラウンド、ピカピカのスパイクやサッカーボールでサッカーをしている人が比較的多い。

【図表 24　サッカーをする子どもたち（コロンビア）】

これが普通の状況では、コロンビアの子どものような特殊な能力はつきにくい。これは教育だったら、あえて授業の中で悪い状況をつくることで、思考が活性化したり、新しいアイデアが生まれたりすることもある。その状況でしか起こり得ない奇跡的な出来事も起こるかもしれない。

すべて悪い状況は厳しいが、完璧すぎてもよくない。ちょうどよいバランスが大事だ。こうした想定もつかない事態に対応する「臨機応変に対応する能力」は生きる上でとても大切だ。今回の新型コロナウイルスもこんな状況になることは誰も想定できなかったと思うし、こんなに長期戦になるとも思っていなかっただろう。

そんな中、「新型コロナウイルスでもうすべてダメだ」と諦めてしまう人もいれば、「こんなときだからこそ、できることをやろう」と前向きに考える人もいる。人それぞれだが、こうしたピンチのときにも、笑顔で切り抜ける人は、今後どんなことがあっても頑張ることができるのだ。

その上でも、「悪い状況」は必ずしも「悪いこと」ではないと考える。大事なのは、目の前の出来事をどう捉え、対応できる力だ。

4　ペルーの電車で気づいた「欲に忠実に生きる」

マチュピチュ帰りの列車。ぼぉーとしていたら、列車の従業員2人が携帯を見ながらなんだか楽しそうな様子だった。海外ではよくある光景だ。日本ではありえない光景だ。日本では従業員が勤務中に携帯電話を2人で見ながら談笑する場面をみることは少ない。

「海外の人は欲に忠実なんだ」と僕は思った。周りがどうこう関係ない。「今やりたいからやる」ということだ。このことは、時に自己中心的な行動に見えるかもしれない。時に常に欲を満たしていて羨ましいと思うかもしれない。

日本人は「周りがどう思うか？」をまず先に考える。「海外は自分がやりたいかどうか」を考える。どっちも一長一短あるが、日本人の「周りを気にしすぎて、自分を出さない」のはどうなのかなと思う。みんなが最低限の礼儀やマナーを守り、それぞれがそれぞれのタイミングで自分の欲を満たせる環境がいい。やりたいことを我慢するのはやっぱり辛い。ストレスの原因になる。周りを度外しして、自己中心的に生きるのも難しい。

大前提として仕事中、仕事以外の時間関係なく、それぞれがやりたいことをやる前に、やりたいことをまずは言い合える環境づくりが必要だ。それぞれが勝手にやりたいことをやり出したら収拾がつかない。

まずは「僕は～をやりたい」とお互いが言い合い、実現可能であれば、実現に移すほうが、周りも納得をする。最初に自分の意志を伝える。受け手は、その人の意志を受け止める受け皿が必要だ。そんなことを列車に揺られながら思った。

5　ポーランドで体験したまずはやってみる！

僕はポーランドのアウシュヴィッツ強制収容所に行こうとした。調べたらチケットは予約が必要だった。もっと調べたら、チケットがなくても10時前、15時前以降なら行くことができることがわかった。そのことに気づいたのは、夜中の1時だ。

もし予約なしで行くなら、開門2時間前の朝8時にはアウシュヴィッツ強制収容所に着いていないとチケットは買えないらしい。8時に着くなら朝5時に起きるしかない。起きるのは自信がなかったが、絶対に行きたい。そんな思いが苦手な早起きを払拭させ、何とか5時に起きることができた。ネットの情報は正しい場合もあるが、間違っている場合もある。不安もあったが、とにかく中に入りたかったのでアウシュヴィッツ強制収容所に向かってみた。

ちょうど8時前に到着し、中に入ることができた。

この経験のように「とにかくやってみる」ことで成功することは実に多い。やらなかったら0だし、やってみたら1になるかもしれないし、ならないかもしれない。だったら1になるかもしれないほうに賭けたほうがよい。

世界一周中、様々な教育施設に行くことができたのも、僕が人に会う度に「話しかけてみた」からだ。話しかけて、学校と繋がりのある人は周りにいるかどうか聞いてみた結果、様々な繋がりが生まれ、21か国の教育施設に行くことができた。

旅中、クラウドファンディングに挑戦したことも同じだ。最初は、「周りからどう思われるだろう」という不安があった。しかし「やってみる」と沢山の学びがあった。生きていると様々な選択に迫られる。少しでもプラスになる方に今後も選択して「やってみる」ことをしていきたい。

6　デンマークの学生から学ぶ居心地のよい体勢と空間

デンマークのフォルケ・ホイスコーレに行った際、授業に参加させていただいた。学生は机の上にお菓子、飲み物を出し、食べながら飲みながら授業を受けていた。膝を立てて椅子に座る人、編み物をしながら話を聞く人などそれぞれだった。そんな状態でも、先生の問いかけには応答するし意見も言っていた。

海外の様々な学校に行ったが、このような光景は日常的に見受けられた。こうした状態は、日本の学校や会社だったら指導を受けることがあるだろう。これは本当にいけないことなのだろうか？　きちんとやることはやっていて、誰にも迷惑をかけていない。僕はこれらの状況を見て思ったことは、人にはそれぞれ居心地のよい体勢と空間があるということだ。

正座するのが落ち着く人もいる。膝を立てたほうがよい思考ができる人もいる。水分を取ったほうが話しやすい人もいる。授業の時間で大事なのは、授業に参加し、学びを深めることなのだ。それぞれがリラックスした状態で思考が働きやすい体勢、空間をつくればそれでよいのだ。

しかし、日本は姿勢や空間がきちんとした状態を好む。教師は背筋をピンとさせて座っている子どもに対して、「よい姿勢だね」などと言ってしまう（僕もよく言っていた）。

これは果たしてどうなのか？　そもそもなぜ日本は「よい姿勢」を好むのか？

それは姿勢が悪いと体に負担がかかり、集中力が落ち、学習効率が落ちるからだ。しかし、先生が「Aくん、よい姿勢だね」などと言ってしまうと、必要以上に背骨を伸ばし、その子にとって異常な姿勢になってしまう。たしかに背骨を立て、顔はノートや教科書から一定の距離をとることは健康面を考えるととても大事なことだ。

けれども、姿勢ばかりを意識し過ぎて、必要以上に背骨を伸ばしたり、足裏を不自然に床にぴったりつけたりすることは、その子にとって異常な状態をつくり出してしまう。異常な状態ということは、その子は学習よりも姿勢に意識がいってしまい、学習効率は落ちることが予想される。

それぞれに合った姿勢や空間がある。自分が心地よい姿勢や空間は自分が一番よく知っている。教育者は基本的なよい姿勢を推奨しつつも、過度に教育者が思うよい姿勢を強制するのはどうかと思う。

海外の学校では、職員室に座り心地のソファーやコーヒーマシンがあったり、集中しやすくするために、周りの視界をシャットアウトする椅子があったりと、居心地のよい、場に合わせた環境が整っている。

だからこそ、仕事や学習が捗り、成果が上がるのだ。大事なのは、姿勢や態度より行う内容なのかと思う。また、人はみんな違うように、居心地のよい空間と体勢は違う。それぞれにあった空間と体勢ができる環境を整えることが大切である。姿勢や空間は成果に影響しやすい。だからこそ、1人ひとりに合った環境を整えることはとても重要なことである。難しいことではあるが、挑戦し、すべての子どもが心地のよい空間をつくっていきたい。

【図表 25　フォルケ・ホイスコーレの授業（デンマーク）】

【図表 26　フォルケ・ホイスコーレのお洒落な照明（デンマーク）】

7 日本の子どもは我慢をすることが多い

日本は綺麗に並べられた机、机の上には学習に関係のないもの以外出さない。飲み物、食べ物をもってくることは言語道断、そんな状態である。子どもにとって学校は我慢が多い場所かもしれない。

しかし、先生は自分がやりたいと思ったことを子どもにやってほしい。そんな構図ができあがっているのではないかと時々思う。こんなにも我慢が多い状態で、先生が一生懸命用意した教材をつかって、授業をするのだ。

子どもにとっては、学びたいタイミングで学んでいるのだろうか？ そもそも子どもが学びたいことなのだろうか？ もちろん学習指導要領という学ぶべき内容があって、その内容を学ぶために必要な時間だということは理解しているが、本当にそれに従うだけでいいのだろうか？

大事なのは、「教え手が、そうした子どもの状況をどれほどまで理解しようとしているか」ということだ。その意識があるだけで、子どもの行動の意味がわかってくる。ぼーっとしている子、忘れ物をしてくる子、落ち着かない子など様々だ。

すべての子どもの行動に意味がある。言葉では表さないが、自己表現をしているのだ。子どもは何かを伝えたくて行動をしている。こうした子どもの気持ちをどれだけ寄り添えるかが教育者として大事だ。

8　ヨーロッパや北欧に学ぶ「大事なことにコミットすること」

ヨーロッパや北欧の学校は「大事なことにコミット」しているという印象が強い。例を挙げてみよう。

①職員室はコミュニケーションの場とし、普段から子どもの話をする。そのため職員会議は月に1回。
②オランダやフィンランドでは、先生になる前に研修制度があり、そこでしっかり学んでから担任の仕事をする。
③フィンランドの学校は自分の仕事が終わったら帰宅（14時頃）。
④仕事より家族や友人と過ごす時間、自分の趣味の時間を大切にする。
⑤教育はとても重要なため、予算を沢山つかい、環境、教師の待遇をよくする。教師は子どものなりたい仕事のいつも上位。
⑥時間に余裕があるから、教育について学ぶ機会がある。
⑦子どもに学びをコントロールする主導権がある。子どもが自ら学べる環境が整っている。

大事なことにコミットしているほうが効率のよい行動ができる。成果も上げやすい。すべてを丸々取り入れることはできないが見習う部分は沢山ある。

日常には考えてみると必要のないことが多い。1つひとつ「これは必要なのか」を考えることでスムーズになることが多い。

9 日本人は相手のことを気にかける能力が高い

日本人は、相手を思いやる能力が高い。だからこそのメリットもあるが、デメリットもある。それは、何事も周りを気にしながら進めるために、時間とお金がかかるのだ。

例えば、組織の中で部下が、何かを提案するときには、必ず上司に許可を得る必要がある。また、何かを始めるときは、話し合いの時間、書類記入、提案、訂正、修正、再提案……などの流れになる。それには大事な部分はたくさんあるし、今までの僕もこの手順で行い、何の違和感もなかった。

しかし、あまりにも「何かを始めるにあたっての障壁が多すぎる」のではないか。だからこそ「相当な熱い気持ち」がなければ、動こうとする者は現れない。何度も議論が重ねられたものが意見として採用されることが多い。

もちろん沢山の人によって練られた考えのほうが万人受けするだろう。よいものであることは間違いない。しかし、閃きで出てきた考えも、時によい方向に転ぶこともなきにしもあらずだと思うのだ。残念なことに、そういう突発的なアイデアは採用されない。

「大事なことは何か?」をみんなで考えて、大事なことだけにコミットしていき、必要のないものを削ぎ落とす作業が大事だ。

よいものはよいものとして採用し、必要ないものは削っていく。どんな組織も今まで積み重なってきた本当だったら必要ないものを、知らない間に「そういうもの」として、継続してしまっていることもある。それが足を引っ張っているものかもしれない。時間とお金は有限である。大事に必要なものにつかっていきたい。

10　ドイツで知った、知って怖かった話

ドイツではドイツ在住の日本人のあやのさんにお世話になった。あやのさんはビーガンで体に入れる食べ物に関して、とても勉強されている。その人から聞いた話で衝撃を受けた。

「ソーセージに発癌性物質があるって知ってる？　ＷＨＯ（世界保険機関）もタバコと同じレベルの発癌性物質があることを発表したんだよ」

ソーセージ好きの僕は驚いた。ドイツはビールが有名だ。ドイツに行ったら、ビールを飲みながら、ソーセージを食べるというのがステータスみたいなイメージもある。今まで様々な場面でソーセージを食べてきた。

そんな僕にとって、今回の話には驚きを隠せない。情報操作という言葉がある。僕らが普段得る情報は多くはテレビ、スマートフォン、インターネットから得る。その情報は「正しい」と思い込むことが多い。

これらは本当に正しいことだろうか？

今までの僕だったら、「正しい」と思っていたかもしれない。しかし、今はしっかりと精査する必要があると思っている。もしかしたら、その情報の裏には誰かの思いがあって、思考を誘導され

ているかもしれない、知らない間に情報によって、僕らはつくられているのだ。

だからこそ、きちんとした情報をキャッチする必要があるのだ。今回のソーセージの話はとても大切なことだ。

しかし、日本のメディアで放送する人はいるだろうか？　おそらくいないだろう。それは様々な事情が重なり合っているからだ。

インドの「貧幸」の話で書いたように、「知らないほうが幸せ」な話もあるのかもしれない。でも今回の件に関しては、「知ったからこそ、このソーセージはどこが産地なのか？」と、しっかり商品を見定めるようになったことはとてもプラスだ。そのためにも、視野を広げることができてよかった。

大事なのは「情報を精査する能力」だと思う。無知は一番の恐怖だ。無知が原因で、もしかしたら、大事な人を傷つけているかもしれない。今後も様々な知識をつけて「情報弱者」にならないように学んでいく。

11　ドーバー海峡で発生した大事件

２０１９年９月８日事件は起こった。僕はベルギーから、バスに乗り、フランスを通り、イギリスへ向かった。フランスとイギリスの国境であるドーバー海峡でバスから降り、パスポートチェックを受けることになった。

「今からパスポートチェックをします。皆さん、パスポートだけもってバスから降りてください」と運転手が言った。僕は運転手に言われたとおり、パソコン、カメラ、GoPro、ドローン、iPad等が入ったミニリュックを座席に置いて、バスから降りた。

僕は世界一周ということで、パスポートには各国のビザスタンプがたくさん押してあった。そのため、「なぜ、イギリスに来たんだ？」「なぜ、インドネシアに行ったんだ？」など、様々な質問をされ時間がかかった。僕以外の乗客のほとんどがＥＵ圏内のため、ほぼ顔パスくらいの勢いで一早くパスポートチェックを終えた。僕は時間がかかったが、やっとの思いでパスポートチェックを終え、バスに戻ろうとした。

しかし、バスはなかった。僕を置いて行ってしまったのだ。そのときもっていた物は、財布、携帯、パスポートのみ。最初は何が何だかわからなかった。けれども、時間が経つにつれて、「これ、まずくない？」と現状を理解するようになり一気に焦りが出てきた。周りに事情を説明し、とっさにバスを追いかけたが、追いつくことはできなかった。

その後、同じバス会社のロンドン行きのバスがあったため、それに飛び乗った。イギリスのロンドンについたのは夜21時。そこら中の方に拙い英語で聞いて回ったが、誰も相手をしてくれなかった。バスターミナルのスタッフに聞いても、僕の乗っていたバスはフランスのバス会社で、「僕らはフランス語を話せない」と対応してくれなかった。時間は経ち、24時を回っても何も解決できず、途方に暮れた。眠くなってきたので、聞くのを諦め予約していたホテルに向かおうとした。

そんなところに、イギリスで留学していて、今から日本に帰るという女性に出会った。その人に充電器や夕ご飯をもらったり、買ってもらったりした。女神にしか見えなかった。

その夜、物が紛失したときの対応について情報を得たいと思ったのでフリーWi-Fiを拾うためにスターバックスの前で座り込み、買ってもらったパンをかじりながら、携帯電話を眺めていた。すると、ホームレスがやってきて、「お前はホームレスか！」と叫ばれた。

人生で一番と思うほど、惨めな気持ちになった。自然と涙が溢れた。外は寒かったが、気持ちも沈んでいた僕にとっては余計に寒く感じた。何とかホテルに着くが、タオルもなかったので、そのまま寝床についた。

しかし、色々考えてしまい、全く寝ることはできず、朝を迎えた。

次の日、保険会社を通してバス会社に電話をした。すると着替え等を入れているバックパックは、今いる場所から1時間くらいしたところにあるという情報をもらえた。すぐに向かった。バックパックはあったのだ。僕のバックパックは落とし物として、バス会社に預けられていたのだ。

けれども、ミニリュックはなかった。日本大使館に行ったり、警察に届出を出したり、落とし物預かり所に届出を出したり、やれることはすべてやったが、ミニリュックが戻ってくることはなかった。

ここで学んだことは、いくつもある。

1つ目は、被害を受けた僕は「せめて命はあってよかったね」とか「携帯はあってよかったね」

などという「～はよかったね」という言葉をたくさんもらった。これらの言葉は僕のことを思ってかけてくれた言葉だということは重々承知だが、そのときの僕の気持ちが癒えることはなかった。「～はよかったね」という言葉は、僕にとって嬉しくないということだ。それより、「辛かったね」というような共感の言葉のほうが、そのときの僕にとっては嬉しかった。

僕もこの経験をしていなかったら、何かで被害を受けた人に対して「命はあってよかったね」などという言葉をかけていたかもしれない。ショックを受けた人に対しては「共感すること」がとても大切だということを学んだ。

２つ目は、悲しみは「自ら語り、人に話を聞いてもらうこと」と「時間の経過」によって減っていくことだ。幸いなことにイギリスでは3組（うち2組は日本人家庭）の方の家にお世話になった。そこでたくさん話を聞いていただいた。とても嬉しかったし、だんだんと自分の中から悲しみが消えていくのがわかった。今でもとても感謝している。悲しみは人に話すこと、「うんうん」と聞いてもらうことと時間の経過で癒えていくことを学んだ。

３つ目は、大事な物は誰が何を言おうと側に置いておくということだ。今回バスの運転手が「パスポートだけもって降りてください」と言った。僕はそのとおりにした。それが間違いだった。大事な物は自分から離れた時点で管理できなくなる。

今回の出来事で、「大事な物は、誰が何を言おうと側に置いておく」ことを心底学んだ。また、これは「大事な人」にも当てはまると思う。今後もこの教訓を胸に生きていこう。

12　普段からのコミュニケーションで大体は解決する

欧米やヨーロッパの学校の職員室はコミュニケーションの場になっていることが多い。

また、デンマークでお世話になった夫婦は結婚して30数年間1度も喧嘩をしていない。理由は「僕たちは、ヒュッゲで毎日思ったこと、出来事をすべて包み隠さず話している。だから、喧嘩なんてする必要ないよね」と言っていた。

あるコーチングの先生も「組織の問題は、ほとんどコミュニケーションで解決する」と言っていた。これらのキーワードは「コミュニケーション」だ。だからこそ、コミュニケーションをいかに回数を重ねることが、うまく生きることのコツになると思う。僕は、ほとんどの人が「対話」によって思いを通じ合えると信じている。

しかし、ほとんどの場合は、対話を避け、諦め、我慢をし、不満が募ることが多い。だからこそ、ストレス社会になるのだ。組織の中で、いかに「対話の場」を増やし、相手を理解し、相手の思いを受け止め、自分も意見を伝え、お互いが満足する関係にもっていくことが大事なプロセスだと考えるのだ。

そのための手立てとして、まずは、「自分から話しかけること」が大切だ。これは挨拶でも「今日はよい天気ですね」でも何でもよい。とにかくコミュニケーションを積み重ねることで、段々と心理的な距離が縮まってくるのだ。

他にも、休憩時間に自由に対話できる「カフェ会」や、共通の課題図書を用意して、それぞれ事前に読み、感想をシェアする「ブックトーク」、ボードゲーム、カードゲーム等があると思う。

当たり前だが、人はコミュニケーションの数によって、その人の人となりを知っていくのだ。よく知らない相手に「あなたのここを変えて欲しい」と要求しても伝わらない。

例えば、職場で今日初めて会った人に「あなたの言葉遣いを直してほしい」と言われても「なぜ、今日会った人に言われなければいけないの？」と憤りを覚えるかもしれない。反対に、互いに信頼関係がある人から、「あなたの言葉遣いを変えて欲しい」と言われたら、今までの過程の中で嫌な思いをさせてしまっていたのだなと、素直に反省すると思う。

つまり、信頼関係がないと相手に「～してほしい」というリクエストを出すことは難しい。信頼関係を築くのは、やはりコミュニケーションの積み重ねが大切である。

まずは、その人を理解する。理解することによって、その人が「なぜ、あのとき、ああいう発言をしたのか」がわかってくる。その人自身を理解することで、その人の話を受け入れる余裕が自分にできてくる。こうした、それぞれを理解しようとする気持ちがコミュニケーションの上で重要だ。

お互いを理解し合い、尊重し合える組織は、コミュニケーションが活発に行われ、たくさんのよりよい組織になるための意見が飛び交い、強い組織になる。今後もこのことを意識して、様々な組織と関わっていきたい。

13　ヨーロッパや欧米の人から学ぶ一瞬のコミュニケーションの大切さ

オランダで過ごす早朝、パン屋へ行った。出勤前だろうか、店は朝ごはんを買う人でごった返していた。店員は店内を走りまわりとても忙しそうだった。僕はパンを選びレジに並んだ。僕が支払う順番になった。

支払いが終わると、店員は笑顔でこう言った。

「Have a nice day!!」

僕は嬉しかった。一言を言った後も店員はとても忙しそう。そんな中、相手の成功を祈る言葉をかけてくれたのが嬉しかった。しかも、わざわざ僕のほうを見て、ニコッとしながら声をかけてくれたのだ。

たった一瞬のコミュニケーションだったが、こうした瞬間に一言で、相手を幸せにできるのはとてもすごいと思った。同時にたった一言の言葉と、笑顔の力を感じた。

また、アメリカの学校に行ったときのことである。朝起きると、膝下まで雪が積もっていた。すると、ある先生が「手伝ってくれないか？」と言われた。その先生についていくと、雪で滑るから交通整理をするということだった。その先生と僕と少し離れて立ち、交通整理を始めた。

僕がいる場所から、その先生のことが見えたので、時々先生の様子を見ていた。

先生は会う人会う人に「元気？」「調子はどう？」「寒いね」などと毎回笑顔で声をかけていた。

声をかけられた子どもたちや保護者全員が笑顔になっていた。登校時なので忙しい時間だ。そんなときも笑顔で一言かけるだけで、こんなに人を元気にさせられることはとても凄いことだと思った。

この話以外にもカナダをはじめ、アメリカ、カナダ、ヨーロッパの子どもたちは、学校で目が合うと100パーセント「ニコッ」とする。それだけで、その子たちと繋がった気がした。

笑顔はそれだけの力がある。人と人を繋げる力がある。言葉はわからないけど、確実に繋がることができたのだ。

これはなぜだろうか？　理由は僕の中で明確にはわからないが、笑顔には人を癒す力がある。日本に「笑う門には福来たる」という言葉がある。笑顔の人には自然と人が集まってくるのだ。今後も自分自身が笑顔でいること、笑顔で人と接することを大切にしていきたい。

カンボジアではマッサージ店が沢山ある。カンボジアの物価のため、日本で受けるより、随分安く感じることが多い。そんなマッサージを受けたときの話だ。

マッサージは人の体を触る仕事だ。触られるほうは、急に触られると驚いてしまう。しかし、そのマッサージ師は何も言わずにどんどん進めてしまい、かなり驚いたし、全く心地よくなかった。さらに時には携帯電話でYouTubeを見ながらマッサージをしていた。

帰国して日本でマッサージを受けた。日本のマッサージ師はマッサージ箇所を変える度に「次は肩に移動しますよ」などと声をかけてくれた。その声かけがあるおかげで「次は腰をマッサージしてくれるんだな」と気持ちの準備と安心することができた。ちょっとした一言をかけてくれるだけで全く違う印象を受けるということを学んだ。

たった一言は人を元気にするし、笑顔は周りを笑顔にさせ、安心させる。たった一瞬のコミュニケーションも大事にすべきだと実感した出来事だった。「出会えてよかった」「また出会いたい」と言われる人になりたい。今後も自分を磨いていく。

14 勝手に埋め込まれている偏見

僕は南アフリカへ行きたくなかった。なぜかというと、「南アフリカ＝怖い」というイメージがあったからだ。この恐怖の偏見はどこからくるのかと考えたとき、やはりメディアだと思う。実際にインターネットで南アフリカのことを調べてみると、殴られて、すべての持ち物を奪われた経験や、拳銃を突きつけられた経験などが出てくる。

僕はこうした情報で南アフリカは怖いという印象をもっていた。こうした偏見は色々なところで勝手に自分の体に埋め込まれてしまう。例えば、「ロン毛＝チャラい」「大阪生まれ＝お笑い好き」なども同様だと思う。

これはロン毛でチャラチャラしている人や大阪出身でお笑い好きの人と身の回りで出会った経験やメディアの影響があるから、イメージができあがってしまうのだ。

もしかしたら、ロン毛で、とても腰が低く、謙虚で真面目な方かもしれない。大阪出身だが、お笑いが好きではない人もいるかもしれない。

実際に行ってみた南アフリカの昼間の時間は思ったより怖くはなかった。街を歩くと難民が路上で固まって暮らすエリアもあった。町中にネルソン・マンデラ元大統領の絵やグッズ等が溢れていた。海沿いは明らかに高級住宅が並び、街中と貧富の差を感じた。

夜になると、浮浪者がうろついていたり、ごみを漁っていたりと怖い雰囲気を感じた。夜は怖い雰囲気はあったが終わってみると、南アフリカで特に怖い思いはせず、楽しく過ごすことができた。最初は怖い印象があった南アフリカだが、行ってみてよかった。

またイタリアでアフリカ系の男性に話しかけられた。彼はセネガル人だという。ミサンガをフリーで配っていると言っていた。最初は怪しいと思ったが、今回の旅で、「見た目だけで判断してはいけない」と学んだので、彼を信じた。

手を出してくれと言われたので、差し出すと、彼は僕の手にミサンガを巻き始めた。しばらくして、結び終わるといつの間にか5、6人のセネガル人に囲まれ、「サムマネープリーズ」と言われた。僕は急いでミサンガを引きちぎり、その場を去った。今回の経験のようなトラウマが「アフリカ系の人=怖い」という偏見を埋め込んでいく。

本当は常に本質で物事を判断したい。しかし、様々な情報によって人の思考は簡単に変えられてしまい、勝手に偏見となる。考えてみれば怖いことだ。

インドでも、優しそうなインド人に声をかけられた。最初は「怖いな……」と思いつつも、仲良

【図表 27　イタリアで出会ったセネガル人】

【図表 28　仲良くなったインド人】

くなり、一緒にご飯を食べることになった。

しかし、最後の最後まで疑いの目は消えず、彼を信じることはできなかった。そのときも「インド人＝人を騙す」というような偏見があったかもしれない。

日本でも「偏見で人を判断すること」「レッテルを貼ること」はよくある話だ。

例えば「人を歳で判断すること」だ。これは賛否あると思うが僕はしたくない。「年上だから自分より優秀だ」「年下だから自分より劣っている」という基準で人を見る人がいる。僕はこういう人に出会ったとき、「もったいない」と感じる。もちろん歳を重ねると出会いや経験が増えるため、知識も増え、幅広い考えをできるかもしれない。それは、とても素晴らしいことだ。僕の周りも歳上で尊敬する人は沢山いる。しかし、歳が下の人でも学ぶことが多い。もちろん尊敬できる人も沢山いる。どちらも自分にとって、学びを得られるチャンスなのだ。しかし、「歳が下」というだけで学びを得ないのはもったいないということだ。

また、「レッテルを貼ること」に関しては、たまに失敗してしまうAさんがいるとする。そんなAさんに対して「あの人はいつも失敗する人」というレッテルを貼ってしまうBさんがいるとする。

もちろんAさんは好きで失敗しているのではない。Aさんも人間だから、Bさんをはじめとする周りと接しているうちに、「いつも失敗すると思われて、期待されていない」と感じてしまうのだ。この状況でAさんのパフォーマンス能力は上がるだろうか？　より失敗が怖くなり、また失敗を繰り返してしまうのではないかと考える。

世の中は情報で溢れている。どの人種も怖い人もいるし、優しい人もいる。アフリカ系の人で怖い人もいる。優しい人もいる。インド人で騙す人もいるし、騙すことなどない人もいる。歳関係なく素晴らしい人は沢山いるし、レッテルを貼ることで悲しい思いをする人もいる。出会った人によって、思い込みやトラウマができる。こうしてできてしまったフレームに騙されず、自分の目と頭で人を判断する人になりたい。

同様に、日本で出会う外国人も出会う日本人によって、「日本の印象」が変わる。礼儀のない日本人に会えば、それが「日本人の印象」になる。礼儀ある日本人に会えば、それが、「日本人の印象」になる。

僕は、日本人の名に恥じない生き方をしたい。また、出会う人に対して、偏見ではなく「その人自身を見る」ことを意識して生活していく。

15　経験には意味がないということ

僕は経験には意味がないと思う。もっと言うと、経験だけだと意味がない。

経験は時が経つと、そのときの感動や感じたこと、学んだことは薄れていく。数年経ったときには、ほぼ何も残っていないことが多いと思うのだ。

僕が大事だと思うのは、「経験をインプットと捉え、経験したことは、どんどんアウトプットしたほうがよい」ということだ。インプットは、人の話を聞く、出来事に出会う、本を読む、メディアを通して情報を得る。アウトプットは、日記やブログに残す。メモ機能に残す、人に話すなどがある。こうして、アウトプットをすることで、その当時の記憶が蘇り、学びや発見に気づくことができる。

また、ブログや講演、誰かに話すことで、相手から反応があることもある。反応があることで、また新たな発見もある。自分だけの学びが広がるのだ。今、こうして本を書いているのもアウトプットになる。こうして振り返ることで、当時気づけなかったことに気づくことが多い。

僕は、世界一周で、自分が感じたことや学んだことがあったら、その都度、携帯電話のメモ機能にメモしていた。ネタがたまると、ブログにも書いていた。何気なく始めたことだが、やってみて本当によかったと思っている。そのおかげで経験が無駄にならず、鮮明に思い出すことができるし、ブログやメモをみると、当時のことを想像して新たな気づきが生まれることが多い。

このアウトプットを積み重ねることは、旅に出る前は全くしていなかった。時に携帯電話のメモ機能にメモすることはあったが、旅中よりアウトプットをする経験がなかった。今考えるととても「もったいなかった」と思っている。１日１日の学びを無駄にしていた。

旅でアウトプットをして気づいたことは、経験がしっかりと自分の血や骨になっているという実感だ。とても大事なことを学んだと思っている。

また、帰国後、子どもや先生たちの前で世界一周の経験を話す機会があった。今まで自分の経験を自分だけが見る文にまとめることはあったが、大勢の前で話すことはなかった。今回こうした機会をいただき、人に話すことで、今度は自分の経験が誰かのためになる経験をした。

自分だけの経験として留めるのではなく、誰かの役に立てることはとても嬉しい。そこで気づいたのは、誰かに話すことで、「学んだことをさらに自分の生活に活かそう」という気持ちになるということだ。

例えば、「毎日早起きするのはとても大切だ」と言うとする。誰かに言うことで、いざその場面になったときに、その言葉が頭の中に出てくるのだ。つまり「逃げ場をなくす」ということだ。本書も同じだ。こうして、自分の考えを自分以外の人に伝えることで、逃げることができなくなり、人間としてのレベルを上げることになる。講演や本で表現しているのにも関わらず「やらない」選択をすることは難しくなる。

僕は弱い人間だ。「人は易きに流れる」という言葉があるように、悪いとは思っていても簡単な選択をしてしまいがちだ。自分を戒める意味でも、自分の経験を誰かに話すことはとても意味があると思った。

経験には意味がない。人は毎日、様々な人や出来事に出会っている。その都度、感情が動かされる。経験をアウトプットすることで血や骨になる。アウトプットはすればするほど経験を活かすことへの思いが強くなる。さらに、周りにも学びになる。自分をさらに成長させたければ、自分の学びや考えを色々な人に話すということは、とても有効的だ。

これからもアウトプットを続け、経験をすべて学びにして、大きい人間になりたいと思う。

第6章　世界一周で初めて知ったこと

1　パレスチナで知った今の日本じゃありえない話

みなさんはイスラエルという国をご存知だろうか？

多くのユダヤ人と呼ばれる人達が暮らす国だ。イスラエルは１９４８年にできた国である。つまり、１９４８年より前は他の国だった。それがパレスチナである。１９４８年より前はパレスチナ人が、自分たちの土地として暮らし、文化を築いていたのだ。これには様々な複雑な問題が絡んでいる。今まで「パレスチナ」と聞くと「テロ」「怖い」のようなイメージが強かった。

しかし、今回、実際にパレスチナに足を踏み入れてみて、考えが変わった。イスラエルの言い分も理解できる。パレスチナの言い分も理解できるのだ。ここからは、私が現地で得た情報と自分で調べた情報なので、相違はあるかもしれない。これらの情報を元に考えを述べていく。

まず、イスラエルの言い分としては、パレスチナがあった場所に「パレスチナ」という国ができる前に「ユダヤ人の国」があったそうだ。

けれども、ユダヤ人という人種は、優秀が故に迫害され、世界各国に転々バラバラ散らばってしまった。散らばった先でも、様々な迫害を受けた。有名なのは、ドイツのナチス政権で行われた、ユダヤ人の大量虐殺だ。そんな悲しい歴史がありながら、やっと自分たちの土地、自分たちの国を手に入れることができた。その国が「イスラエル」だ。ユダヤ人にとっては待望の国だ。

しかし、イスラエルができた場所には、昔、ユダヤ人が住んでいたとはいえ、パレスチナという

【図表 29　イスラエルの街並み】

国があり、長年歴史を築いてきた。そのパレスチナに突然イスラエル人がやってきて、彼らの土地、権利などを奪っていった。

イスラエル人からすると「取り返しにきた」という表現が正しいかもしれない。パレスチナ人からすると「奪われた」という表現が正しいかもしれない。僕はパレスチナ人が住む、「アイダキャンプ」という難民キャンプへ行った。「テントで暮らしているのかな?」と思っていたが、そんなことはなかった。イスラエルの町ほど綺麗ではないが、1つの町として成り立っていた。

そこでは、アイダキャンプ出身で、現在は医者になり、病院を3つ経営しているというAさんがアイダキャンプ内を案内してくれた。彼が話していた内容は次のとおりだ。

- アイダキャンプには現在、5000人が住んでいる。2000人の子どもが全員教育を受けている。
- ほとんどの人が仕事をしている。
- 15~20%の方は障害をもっている。
- 1世帯に1つウォータータンクがある。1日1家族3リットルまでしかつかえない。夏には2日間、水がつかえないこともある。
- イスラエルの兵士がわざと銃撃に来ることがある。Aさんが幼い頃は毎日銃撃に来ていた。
- パレスチナの土地は元々の15%しか残っていない。
- アイダキャンプのシンボルは「鍵」である。これは、パレスチナ人が「故郷の地に帰る鍵をまだもっているぞ」という意味だそう。

【図表 30　パレスチナの街並み】

・イスラエル人が来たとき、「また数日後には戻るから」と言われたらしい。そのため、多くの人が、軽装、荷物を少しだけもって、自分達の町を出たという。しかし、その日以来、自分の町に帰ることはなかったという。

他にも、現地に住む日本人のBさんの話では、パレスチナ人は多くの権利や土地、家を失ったという。Bさんが言っていた例えがとてもわかりやすかったので、例として挙げさせてもらう。

ある日、日本にA国という国の人たちが突然来て、「私たちが昔、この場所に住んでいたので、どいてくれないか？　あなたたちはここに住みなさい」と言われたらどうするだろうか？

日本ができる前に、A国があったとはいえ、日本は長い時間をかけて歴史を築いてきている。そこに突然来て、特定の場所に追いやられて、住んでいた家や土地、権利までも奪われてしまう。

さらに分離壁がつくられ、ゲートを通らないと行き来できない状態になるのだ。想像しただけでも恐怖だ。そんな状態に近いという。ユダヤ人は頭もよく、軍事力もある。パレスチナの人たちは敵わない。だから「テロ」という形でしか対抗できないという。今まで、パレスチナというと「テロ」「危ない」というイメージがあったが、大きく変わった。

元々自分たちの土地だったイスラエル人の気持ちと、自分たちの土地を奪われたパレスチナ人の気持ちは両方ともわからなくもない。答えは出ないが、少しでも平和的な解決を願う。

自分は現地を訪れた人間として、この事実を広めていきたい。日本にいると、ある一面だけの情報で、それが「事実」だと勘違いすることがある。今後も「本物の情報」を得ることを意識していく。

【図表31　イスラエルとパレスチナの分離壁】

2　外国人が自分の意見をもち、自己主張が強い理由

①言葉の性質

英語をはじめとする日本語以外の言語（以下外国語）の多くは、誰しもはっきりと主語を言って会話をする。例えば、I like apples.（私はりんごが好きです）この文の主語は「I」つまり私だ。また、I don't like apples.（私はりんごが嫌いです）という意味だ。

どちらも共通しているのは「主語」があるということだ。日本語にももちろん主語はある。しかし、日常会話の中で「私はりんごが好きです」と「主語」までつけて会話している人がどれだけいるだろうか。

日本語だと、「What kind fruit do you like?（何の果物が好きですか?）」と聞かれたら、「りんごが好きです」と、主語を付けずに答えると思う。「私はりんごが好きです」と答える人は少ないでしょう。一方、外国語はすべての会話で必ず主語を入れる。「I like ～」「I want to ～」と言った具合にだ。

比較すると、

I like an apple.（私はりんごが好きです）→主語があるため、はっきりとその人の意志が相手に伝わる。

「りんごが好きです」では、主語がないため、その人の意志が相手に伝わりづらい。

必ず主語が入ることによって、何が違うかというと、「自分の意志」が入るということだ。ほん

のわずかな違いだが、大きく違うと考える。外国人はそれだけどんな小さな日常会話でも「自分の意志を相手に伝えること」を繰り返している。

しかも、生まれてすぐの頃からこれらの練習を繰り返している。「自分の意志を伝える練習」を繰り返すことによって、「自分の意志を伝える力」は確実に身についていく。これが、「外国人の自己主張が強い」1つ目の理由だと考える。

しかし、日本人は言葉の性質と同時に、「相手を気遣う」「自分より相手を優先」「自分の意見を言ってはいけない」などという「相手を意識するコミュニケーション」が得意だ。そのことも相まって「相手に意志を伝えないこと」が日常になっている。

さらに言うと、「空気を読む」などという言葉があるように、今の状況に合わせて、「自分の意志を我慢することがよい」というような風潮もあり、「自己主張をせず生活することが望ましい」という風潮に拍車をかけている。

イギリスの幼稚園の授業を見学したときの出来事だ。「絵本の読み聞かせをします」と先生が言ったときに、クラスのほぼ全員が先生のところに集まり、話を聞く姿勢になった。

しかし、たった1人、「僕は嫌だ」と言った子がいた。その子の発言に対して、先生は無理に絵本の読み聞かせに参加させようとはせず、「それなら大丈夫」とだけ言い、見守りながら、彼がやりたいことをやらせていた。

学校の授業でみんながやっていることとは別のことをしたいと発言することは、勇気がいることだ。とても自立している。これはイギリスという地で毎日意志のある行動を繰り返しているからこそ出たのだと思うのだ。日本だったら「今は授業中です」などと先生が言い、無理やり授業に戻すことが多いかもしれない。

それぞれ生きてきた環境は違う。親も違う。出会ってきた人も違う中で、それぞれが考えることは違うのだ。もっとそれぞれが自分の「I（主語）」を伝えることで、その人が思っていることがわかり、理解し、コミュニケーションの摩擦が減るのではないかと考える。もっと「I」を伝え合える社会になってほしいと願うところだ。

②視野が広い

外国人と話をしていると、「日本の政治について、あなたはどう思うの？」「環境問題は何が一番原因だと思う？」などと政治や環境問題等、幅広い知識について問われることがよくある。その都度僕は、「自分は日本のことをもっと知らなきゃ……」などと猛省していた。

では、なぜ外国人はこんなに様々な分野の知識をもっているのか。

僕が実際に学校見学をしてわかったことだが、海外の人は（特に教育先進国）、幼稚園や小学校など、幼少期の段階から、幅広い知識の学習をしている。もちろん、幼稚園、小学校の段階では、基本的なことだけかもしれない。中学校、高校、大学とより専門的な知識を学んでいる。だから、それぞれが幅広い分野について意見をもっている。

日本に学習指導要領があるように、海外にも学習指導要領のように、決まりに沿って学習するようになっている。決まりに沿いながら、幅広い知識に触れている。そこにはどんなカラクリがあるのかもっと研究する余地はあると思う。

教員になって、オルタナティブ教育と言われる日本の学校を卒業した北出麦人くん（当時18歳以下麦人くん）に出会ったときに驚いた記憶がある。僕が彼と出会ったのは、すでに教員として働いていたので26歳くらいのときだ。彼はとてもしっかりしていて、日本や世界の問題、政治等、「僕自身が高校生だったときの話をするのが恥ずかしい」と思うくらい幅広い知識をもっており、興味深い話をたくさんしてくれた。

麦人くんに「なぜ、そんなに色々なことに興味をもって生きているのか？」と聞いたところ「学校で海外や日本の問題、政治等についてたくさん触れ、仲間と議論してきたから」と言っていた。その際も「小さい頃から、幅広い知識に触れることの大切さ」を実感したことを覚えている。日本の公立学校で教師をやる以上、学習指導要領は必ず沿わなければいけない内容だ。

しかし、そこから発展して幅広い知識に触れさせることはとても大事なことだと私は思う。そのことが、子どもの視野や可能性を広げ、様々な諸問題を解決できる力の育成に繋がると信じている。

③あなたはどう思う？

海外に行ったことがあるならば、わかる人が多いかもしれないが、外国人はよく「あなたはどう思う？」と聞く。今回の旅で、家族の日常会話、学校での職員同士等、様々な場で「あなたはどう思う？」の質問が飛び交っていた。

これはまさしく「あなたの意見」を聞いているのだ。「あなたは最近の環境問題で一番の問題は何だと思う?」と聞かれたら、当たり前だが、「僕（私）は、温暖化が一番の問題だと思う」などと答える。こうしたやりとりを日常生活の中で1日にも何回も繰り返される。つまり「自分の意見を言う機会」がたくさんあるのだ。こうして、自分の意見を相手に伝えることを繰り返していると、自分の意見をもち、相手に伝える能力は高まっていく。このことはとても大切だと僕は考える。

「あなたはどう思う?」

つまり、その人の意見を尊重している例で言うと、デンマークが挙げられる。僕が見学したデンマークの学校では、先生が「私は~党を支持しているわ。あなたは何党を支持しているの?」と生徒に政治の話をする。デンマークの政治も若者の政党が1つの政党として確立してあり、それぞれの政党と同じ扱いをされているようだ。

こうして、「フラットの立場で意見を言い合える関係」が成り立っているのだ。「あなたはどう思う?」を上下関係や人種、大人、子どもなど関係なく、言い合える関係は素敵だ。教師をやっていて、子どもからも「なるほど~」と唸らせられることがたくさんある。

「子どもだから、幼稚な考え方しかできない」ということはない。この考えは、僕自身これから大切にしていきたいことの1つだ。これらの3つのことは日本で実現可能であろうか?

僕は実現可能だと考えている。どのような立場の方ができるかというと、担任や親として子どもに対して意識するように促すことができる。日頃から「主語を入れてコミュニケーション」「様々な分野に触れさせること」「あなたはどう思う？　を問うこと」を行うということだ。教師だったら授業で、日本の環境問題について学習する場面で、海外での同じ環境問題があるのかを提示する機会を設けたり、授業で「自分はどう思うか？」を考える機会を設けたりすることができる。

僕が親だったら、日常で「主語」を入れてコミュニケーションをとることを子どもに意識させたり、幼少期から、様々な場所に連れて行ったり、体験をさせたり、人に出会ったりする機会をつくることができる。

また、日頃から「あなたはどう思う？」とフラットに子どもが意見を言うことができる機会をつくる。こうした経験を繰り返していくうちに、いつも「自分で意見を言わない子ども」が広い知見で、物事を自分で考え、相手に意志を伝えるようになっていく力が育まれる。

もちろんそこには、出た意見を認め、受け止める環境が必要だ。いくら、意見を言っても相手が聞く耳をもたなければ、子どもは意見を言いたくなくなってしまう。時には子どもが関わる大人の意にそぐわないことを言い出すことがあるかもしれない。

そんなときはすぐに相手を否定する言葉を言うのではなく、「あなたは～のように思うのね、そうなんだね（受容・認める）。私は～だと思うよ（意見・アドバイス）」と言うように、まずは「受容・認める」が大切で、次に「意見・アドバイス」の順で述べることで、相手は、「自分の意見が認められた上でさらによくなるためのアドバイスをもらえた」という印象に変わる。

こうしたやりとりが、安心して自己表現ができる関係を築いていく。

【図表 32　海外で出会った外国人の友達】

3　ユダヤ人の命を救った杉原千畝さん

杉原千畝という日本人を知っている人はどのくらいいるだろうか？

僕は正直、旅に出て、リトアニアに行くまで知らなかった。千畝さんは戦時中リトアニアで「命のビザ」を発行した日本人として有名な方だ。彼は当時、リトアニアのカウナスの日本大使館で勤めていた。

当時ナチス政権によって、国から出ようとしたユダヤ人はどうしても日本通過のビザが欲しかった。しかし、国からユダヤ人に対してビザを渡すことが許されなかった。日本のビザ欲しさに毎日大使館に押し寄せるユダヤ人。けれども、国から止められている。このままだとユダヤ人はナチスによって命を奪われてしまう。そんな狭間に千畝さんはいた。

千畝さんは覚悟を決め、国の意見に逆らい、ユダヤ人に対してビザを発行した。それが「命のビザ」である。千畝さんは来る日も来る日もビザを発行し続けた。

その後、大使館は閉じることになり、千畝さんは、カウナスを出なければならなくなってしまった。電車に乗る途中も、乗ってからもユダヤ人は押し寄せ、千畝さんにビザを求め続けた。最後の最後までビザを発行し続けた。そして、６０００人のユダヤ人の命を救ったのだ。

この場所がリトアニアのカウナスだ。国に逆らうということはもしかしたら、千畝さん自身が命を落とすかもしれない時代だ。そんな中、自分の正義を最後まで貫き、やり遂げた千畝さん。千畝さんの勇気に敬意を払うとともに、同じ日本人として誇りに思った。

この事実を知った僕は、後に、旅中に出会った日本人にこの話をしたら、さらに衝撃の事実を知った。この千畝さんがビザを発行したことは千畝さんの子どもは、大学生になるまで知ることはなかったと言われている。たまたまイスラエルの大学に言った際に、父親が行った偉業について知ったそうだ。千畝さんは当時のことを「人間として当たり前のことをしただけ」と言っていたようである。

こんなに自分の正義を貫ける人は現代にいるだろうか?

僕もどんなことがあっても自分の正義を信じ続ける人間になりたい。

現代は情報量が多い。自分が思ったこと、やりたいことがあったとしても、様々な情報が入り、自分の軸がぶれてしまうことがある。時に情報は自分の糧になり、時に自分を迷わす。

もしかしたら当時は情報手段があまりなかったため、千畝さんは自分の信じた信念をぶれずに行動できたのかもしれない。真相はわからないが、情報を精査することはとても大切なことだと思った。

世界一周前の僕は、様々な情報が飛び交う中で、新たな情報が入る度に自分の思いが揺れていた。

しかし、世界一周で様々なことを考え、自分の生きたい道が定まってきた。

さらに現在はテレビのない生活を送っている。情報が少ないからこそ、自分の信じた方向に進んでいる感覚がある。

今後も情報を精査して、自分が信じた道に迷わず進む人生を歩んでいく。

【図表 33　杉原千畝館にある希望の門（リトアニア）】

【図表 34　杉原千畝館の執務室（リトアニア）】

【図表 35　杉原千畝の映画ポスター】

【図表 36　杉原千畝館近くの教会（リトアニア）】

第7章　改めて感じた日本のこと

1 日本の公教育の素晴らしさ

インドのガンジス川で有名なバラナシを歩いていると、路上で子どもたちに出会った。彼らは笑顔で僕に近づいてきた。僕はもっていた折り紙でツルを折りプレゼントした。

その子は何も言わず受け取った。その子が教育を受けているのか、受けていないのか正直わからない。服装、様子を見ると、多分受けていないのだろうと想像はできた。僕は言葉が伝わらないことも承知の上で、日本語で「こういうときはありがとうって言うんだよ」と伝えた。

人間のコミュニケーションとして、「感謝を伝える」ということはとても大切だと思う。だからこそ、「感謝を伝えること」の大切さをどうしても伝えたかった。おそらく僕が言った言葉は理解できなかったと思う。

その子どもが「紙をくれた日本人が一生懸命話しかけてきた」という記憶だけでも残っていたら嬉しい。一瞬の出来事だったが、僕は「公教育って大事だ」と思った。日本の公教育は「ありがとう」の感謝の心、「ごめんね」の謝罪の心を必ず学ぶ。日本国民でこの意味を知らない人はいない。

世界中に「ありがとう」「ごめんね」という言葉がある。そして、ほとんどの公教育で、この2つの言語について学習しているのだろう。

しかし、公教育を受けていない子どもは、「ありがとう」「ごめんね」の概念すら知らない可能性も高い。僕らが公教育によって身につけることができた基礎的な知識はとても多い。

【図表37　インドで出会った子どもたち（インド）】

日本の子どもたちは満遍なく教科を学んだおかげで、基礎学力は他の海外の国より高い。日本人が海外の人から尊敬されているように、日本がつくった車やカメラをはじめ、多くのものが世界各国で活躍している。それくらい優秀な人種だということは間違いないのだ。

これは、紛れもなく、公教育の影響が大いにあると考える。

2　東日本大震災で学んだ協力・思いやり・奉仕の心

東日本大震災が3月に起きたとき、その年の5月に宮城県へボランティアに行ったときの話だ。当時は、被災したばかりで、緊急事態が続いていた。

僕らボランティアは体育館で寝泊りした。僕が驚いたのが会議だ。会議は連日連夜2時間ほど行われていた。次々に「では、それ僕やります」「僕は～ができます」とみんな積極的に意見を交わしていた。僕は「見ず知らずの土地で、自分が知らない人のために2時間も会議を行う熱量」に感動した。

みんながみんな協力体制だった。こうした日本人の真面目な国民性や困っていたら助ける優しさ、いざとなったら協力する心等も公教育の中で運動会や体育、学級活動を通して「協力」「思いやり」「奉仕の心」などを学んできた賜物だと思う。

3　海外では、芸術教科、運動を学ばない⁉

海外の学校を回ってみてわかったことは、芸術教科と呼ばれる「図画工作」「音楽」、運動を行う「体育」を学校で行わない国も多いということだ。

僕が見学したカンボジアの学校は海外青年協力隊の日本人の先生が、滞在している数年間は音楽を教えていた場合もある。

世界全部の学校が、芸術教科、運動を学んでいるわけでもないのだ。

そういう意味でも日本は、図画工作、音楽、家庭科、書写、体育などをしっかりと学ぶ。そのおかげで身についたことも沢山ある。

4　専門教科に絞るイギリスと満遍なく学習する日本

イギリスでは高校生以上は3教科に絞り、高校3年間、大学4年間とその3教科しか学習しない。その結果、イギリス人は専門家がたくさんいるようだ。

一方、日本人は満遍なく学習する。その結果、全国民が一定以上の学習を理解している。どちらも一長一短ある。僕は、日本の教育をもっと発展させるには、イギリスのように、幼い頃から、深い学習を取り入れることには賛成である。

また、教育先進国のように、幅広い分野に触れることは、子どもの思考の幅を広げるためにとても重要だと考えている。

何でも完璧はないように、課題もあると思う。よいところは生かしつつ、課題は今後、少しずつ自分の周りから少しずつでも変えていきたい。

5　思いやる力が世界一

フィンランドでお世話になった大学で日本語教師を務めるフィンランド人Aさんから海外の人から見た日本のイメージを知ることとなった。

「日本人と1日過ごして、別れた後に私のことを沢山褒めてくれる。今日は本当にありがとう。あなたのおかげで、とてもよい時間になったよ……というように。嬉しいけど、とても恥ずかしい。フィンランド人は絶対そんなことしない。恥ずかしくてできない」と言っていた。

Aさんが経験したように、その人と過ごし、お別れした後に、感謝の気持ちをメール等で伝えるのは日本でよくある話だ。外国人の方から見ると、「そんなにやらなくてよいのに」と感じるらしい。

このことからも、日本人は、「相手を思いやる」「相手を気遣う」気持ちが強いことがわかる。

海外に行ったことのある人は経験があるかもしれない。例えば、海外のスーパーで店員は「いらっしゃいませ」の一言も何もない。レジ店員も「ありがとうございました」の一言もないことが多い。むしろ、「レジをやってあげている」と感じ取れるくらい太々しい態度の店員もいることがある。

一方、日本は形式上である場合が多いかもしれないが、店員は「いらっしゃいませ」「ありがとうございました」を言うことが多い。これも相手意識がある挨拶だと思うのだ。特に日本に住んでいるときには感じなかったが、日本人の店の接客は素晴らしいと思う。

「いらっしゃいませ、ありがとうございました」はもちろん、お客さんを気遣う接客は世界一だ。「おもてなし」「空気を読む」などの言葉も相手を思いやることから生まれた言葉だと思っている。人はコミュニケーションをする上で、必ず相手がいる。自分だけでなく、相手のことを思いやるということはコミュニケーションを行う上でとても大切なことだ。

ただ、「空気を読む」という言葉を多用し、「相手のことを必要以上に気にしてしまい、自分を表現できない状況」に陥ることがよくある。

だからこそ、日本人は優秀でありながらも、その力を出せずにいる人が多いと思う。「相手を思いやれる力」は大切だ。こんなにも「相手を意識したコミュニケーション」をとれる人種はいない。

しかし、度が過ぎる気遣いは自分と周囲を縛りつけることになる。そのバランスは難しい。自分たちの能力に誇りをもちながら、相手のことを受容し、理解しようとすることで、みんなが伸び伸びと自分らしさを出せる社会になる。

6　インドのマザーハウスで感じた日本文化

僕は日本人だ。日本人だから、日本人としての当たり前の感覚で海外で過ごすことになる。そうすると、違和感を感じることが多い。

例えば、インドのマザーテレサがつくったマザーハウスという障害者施設でボランティアを行ったときの話だ。ボランティア、マザー含めて毎朝ミサ（お祈りする儀式）を行う。そこでは、朝食として、果物やビスケット、チャイ（インドのミルクティー）が出る。ミサが終わった後は、それぞれのボランティア先に向かう。しかし、何人かは朝食の片づけをしている。

僕は日本人の感覚からか自然と手伝った。何となく、こういうのはみんなで協力したほうがよいという感覚が自然とついているのかもしれない。

しかし、手伝っているのは、その日は日本人含む、中国、韓国の人のみだった。他の人は、さっさと自分のボランティア先に行ってしまった。この「あ、誰かが忙しそうにしている。手伝わなきゃ」という気持ちも日本人の「相手を思いやる気持ち」が強いという現れなのだ。

このマザーハウスで長年働くある日本人女性がいる。その女性から聞いた話だ。マザーハウスには毎日世界各国からボランティアが来る。彼らはみんな障害者施設の利用者のお手伝いをする。洗濯、食事補助、移動補助など業務は多岐にわたる。

その日本人女性が来る前、洗濯した洗濯物は、ぐちゃっと積み重ねたままだったという。そこで、女性は洗濯物をはじめ、1つひとつ「次につかう人のためにきちんと揃えること」を教えたそうだ。具体的には、洗濯物を干して乾いたらきちんと畳むこと、靴を揃えることなどの「次につかう人のためを思った行動」だ。それが今では当たり前の文化になっているそうだ。

日本の思いやりの文化がマザーハウス内に浸透した。こうした日本人の「相手のことを想像すること」ができるのは特殊能力だと思う。このことは日本人として、生まれたからには、磨くべき力だと考える。僕もまだまだだが、もっと「相手のことを想像できる人間」になりたい。

マザーハウスには、世界各国の人が来ていた。もちろん海外の人も東日本大震災のことを知っていた。

僕が日本人だということがわかると、「君は日本人か！　日本は大変だったと思うけど、日本人なら大丈夫！　必ず復活できるよ」とか「君は日本人か！　僕は日本人が大好きなんだ」など、沢山の人から言われた。

今回の世界一周でも「日本人は真面目で優しいから大好きだ」「日本人は世界で一番頭のよい人種だと思うよ」など「日本人」というだけで、様々な国の人が尊敬の念を抱いてくれた。

日本人がつくったカメラや、車などの製品は世界で通用するものだ。その信頼からも「日本人がつくるもの＝よい製品」というイメージがあるらしい。インドでは、SONYというロゴの入った帽子をかぶる人などもいた。日本は先人たちのおかげで海外の人からの評価がすこぶる高いのだ。

【図表38　世界最強のパスポート】

7 世界最強のパスポート

日本のパスポートは世界最強と言われている。

なぜなら、日本のパスポートはビザなしで１９１か国への渡航が可能である（２０２１年現在）。つまり、そのくらい世界で信頼されているということだ。これはとてもすごいことである。ちなみに2位のシンガポールが１９０か国、3位は韓国とドイツが１８９か国である。

「ビザなし入国を認める」ということは、入国の敷居を低くするということだ。日本は世界的に見れば経済力が高く、犯罪率が低い。そのため、日本からの旅行者が不法滞在や不法就労をする可能性は低いと見なされ、信頼度が高いのだ。

しかし、そんな最強だと言われる日本人でパスポートをもっている人は、国民のおよそ4人に1人である。最強でありながら、保有率は低いのだ。

これは、僕の予想であるが、日本人は島国で、元々外からの情報を遮断する傾向があるとともに、テレビ等の一面の情報で「海外＝怖い」という印象をもってしまっている人も多いのでないか。

僕は、この部分でも日本人に対して「もったいない」という感情を抱く。海外の出ることがすべてではない。

しかし、海外でしか学べないこともあることは事実だ。一度、外の世界に出てみると、気づくことは多いと思うのだ。

8　世界に誇れる礼儀やマナー

日本人は誰もが家庭や学校で礼儀やマナーを学ぶ。礼儀とは「人間生活や社会生活の秩序を守るために人々が守るべき行動様式」と言われる。

マナーは「ルールほどの強い強制力はないものの、社会生活の中で守ったほうがよいとさせる基準」と言われる。例えば礼儀なら、相手に感謝の気持ちを伝える際「ありがとうございます」と言い、頭を下げる行為をする。言葉遣いをわきまえること、時間を守ること、身嗜みを整えることなどがある。

特徴としては「相手を尊重している」ということだ。また、マナーは、靴を脱いだら揃えること、電車の優先席周辺では、携帯電話の電源を切ること、電車で座席に荷物を置かないなどの、社会集団（公共）における気遣いだと考える。これらの礼儀やマナーは国関係なく、人間として過ごす上でとても大切なことだ。

これらのことを自然とできる日本人は世界を見ても、素晴らしい人種だと思う。だから、海外の人からも信頼を得ているのではないだろうか。これは日本人として、誇りに思うし、今後も守っていきたい文化である。

9　日本は素晴らしい

僕が日本に帰国して、町中で聞こえるストレス感、我慢、不満に愕然とした。世界一周前、日本で生活しているときは気づかなかったが、皆さんが想像している以上に日本という国はポテンシャルが高い。

まず、47都道府県すべてで観光地があるように、国のすべての地域で見所がある国はそんなにない。ほとんどの国が主要都市に観光地が集まっていることが多い。また、カメラ、車など日本から生まれた商品は世界各国で活躍している。

日本で生まれた剣道や柔道などのスポーツや茶道などの文化も世界中で愛されている。他にも、忍者や侍などの昔の文化や「KAWAII」などの原宿文化やコスプレ、ロボットなどの新しい文化も多くの人が知っている。日本の寿司はどの国に行っても人気の食べ物だった。日本人だからという理由もあるかもしれないが、日本食は世界で一番美味しいと感じる。

味も繊細で、ちょうどよい味づけが多い気がする。礼儀やマナーなどのマインドに関わる部分も世界で通用する文化だ。サッカーの国際試合で、日本人サポーターが会場の片づけをしていたのは有名な話だ。

これほどまでに、すべての分野で高いレベルを誇る国はなかなかないと思うのだ。僕は日本人として生まれたからには、「こんなにも素晴らしい国なんだ」ということを日本国民全員に知ってほしい。また、誇りに思ってほしい。「母国だから」という理由を抜きにして、素晴らしい国だと本気で思うのだ。

しかし、いじめ、過労死（KAROUSHI）、虐待、自殺、不良、モンスターペアレント、自己肯定感の低下など、日本が抱える問題は様々ある。

なぜこんなにも恵まれている日本でこんなことが起こってしまうのか？

一番の要因は「自分が幸せだと感じられないから」だと僕は思う。日本人特有の相手のことを思ったり、周りを気にしたりする文化から「自分より相手」「自分より周り」のことを考えるばかりに、自分を犠牲にして、「相手」や「周り」に尽くしてしまう。結果、自分が一番幸せではなくなってしまうのだ。

「自分が幸せでない」と感じると次のようなことが起こる可能性がある。
・自分の存在欲求を満たすために、目立つ人をいじめる。
・自分がストレスを溜まっているから、嫌なことを人に押しつけ、必要以上に仕事をさせる。精神的に追い詰める。それが過労死に繋がる。

・自分ができないこと、自分自身がされてきたことを子どもに行い、同じ思いを感じてほしい。ストレスの吐口として虐待をしてしまう。
・自分が満たされていない、幸せを感じられないから自殺してしまう。
・自分を見てほしい、自分の存在を認めてほしいから、「不良」として目立つことで、周囲が自分の存在を認めてくれるから、不良になる。

もちろんすべてではないが、「自分自身が幸せ感を感じていない」ということは、あらゆるところでマイナスを生むと考える。

自分自身が満たされていて、夢中になることがあれば、相手を攻撃する必要はなくなる。だからこそ、自分自身が幸せになる、まずは自分ファーストが大切なのだ。これは「自己中心的になる」という意味ではない。まずは自分が満足した生活をする。それはすべての面でおいてだ。日本人は「自分より相手に尽くすこと」が美徳とされるが、まず自分に尽くすことが大事だと思うのだ。自分自身の主人公は自分なのである。

自分が幸せになり、余裕をもてれば、相手のことを落ち着いて見ることができ、相手に優しくできるのだ。

10　あなたは今、余裕ありますか？

「あなた今、余裕ありますか？」という質問をされたとき、どれくらいの人が「はい」と自信をもって答えることができるだろうか。僕自身は、以前よりも「自分」を生きている感覚はあるが、まだ自信をもって「はい」とは言えない。なぜなら経済的にも、精神的にもまだまだ発展途上だと思うからだ。

世の中には自分のやりたいことを我慢して、気を遣って、生きている人が多いのではないかと感じる。我慢して、自分の限界を突破することで、日本人はこれまで、優秀な製品や文化をつくってきた部分はあるかもしれない。しかし、その代償で様々な問題が出ているのも事実だ。そのことをきちんと見つめ、少しでも余裕のある人が増えることを願っている。

そして、みんながみんな、心から、「みんな違ってみんないいね」と言い合える社会になることを願っている。

そうなれば、それぞれが自分らしく生きることができる。自分らしく生きることで、それぞれの価値がもっと際立つ。そうなると、自ずと生産性は高まる。自分を受け入れてくれる社会になることでストレスが減る。みんなに余裕が出てくると思うのだ。

余裕ができれば、目の前の人に優しくできたり、クリエイティブな発想をしたりすることができる。結果的に全体がよい方向に進むと思うのだ。

いきなり社会を変えることは難しいかもしれない。

しかし、まずは、目の前の人に話し続ける、それが1人、また1人と増え、やがて、全体を変えるような大きな力になると信じている。

第8章 帰国

1 世界中の教育施設を巡って学んだ夢の叶え方

僕は世界一周をして、「夢はこうやって叶えるんだろうなあ」という実感がある。その原体験は、海外にほとんど繋がりがない中で結果的に21か国の教育施設に行くことができたということだ。

教育施設というのは、日本をはじめ、ほとんどの国でセキュリティーが高い。そのため、教育施設へ行き、授業の様子を見学させてもらうことは難しいことが基本だ。世界一周前に繋がりがあった国は6か国くらいだ。そこから、どうやって21か国の教育施設に行くことができたのかということと、今回の経験を通じて学んだことを話したい。

夢はこうやって叶えるのだと思う。今考えても、言葉もろくに話せない中で、21か国の教育施設に行くことができたということはかなり奇跡だと思っている。「よく頑張ったなあ」と自分を褒めたい（笑）。

この結果に繋がるまでに僕がしてきたことは、「根拠のない自信をもつこと（色々な学校に行くんだということを信じ続ける）」「自分のやりたいことを色々な人も言い続ける」の2つだ。

僕の場合のやりたいことは、「世界中の学校を訪れ、授業見学をする」そのために「現地の学校と繋がりのある人と繋がる」ということだ。何も根拠はなかったが、仕事を辞めてまで、出発した世界一周でなんとしても目的を満足するまで達成したいという強い気持ちがあった。だからこそ「何が何でも色々な学校に行くぞ」と思っていた。

そして「なんとかする」と思っていた。僕がどこかでこの思いを諦めていたら、21か国の教育施設は行けなかったと思う。

まずは、叶う、叶わないの前に「気持ちをもつこと」が重要だと思う。当たり前だが、気持ちがないと叶うものも叶わないと思うのだ。そして、そんな自分を「できる」と「信じ続ける」ことが重要だ。

気持ちをもち、信じ続けると、体も心も「世界中の学校を訪れ、授業見学をする」人になってくる。発言や行動も、信じ続けていることに繋がるものになってくる。そうすると、自ずとそれに合った情報も入ってくる。

「自分のやりたいことを色々な人も言い続ける」

次に僕がやり続けたことは、自分のやりたいことを色々な人に言い続けるということだ。僕は「世界中の学校を訪れ、授業見学をしたいということ」、そのために「現地の学校と繋がりのある人と繋がりたいということ」を会う人、会う人に伝え続けた。

この「自分のやりたいことを色々な人も言い続ける」ことは2つのよさがある。

1つ目は、自分だけに留めるのではなく、第三者に言うことで、自分の気持ちが高まるということだ。僕で言うと、「学校見学をする」「学校と繋がりのある人と繋がりたい」と言う気持ちだ。モチベーションは定期的に高めないとやがて落ちてしまうことがある。自分の口から第三者に言うことで、モチベーション維持になるのだ。

2つ目は、第三者から自分がやりたいことの情報がたくさん入ると言うことだ。僕から僕の思いを聞いた人には、「この人は、学校見学をしたくて、学校と繋がりのある人を探しているんだ」という情報が入る。そして、自分の知り合いから、学校と繋がりのある人を探してくれる。

こうして、どんどんと「細貝駿という人間は元教員で、世界一周をしていて、世界中の学校を見学したくて、学校と繋がりのある人を探している」ということが広がっていくのだ。僕自身も、学校と繋がるきっかけになりそうな人を探すアンテナが強くなってくる。

「根拠のない自信をもつこと（自分のやりたいこと信じ続けること）」「自分のやりたいことを色々な人にも言い続ける」ことをやり続けることで、結果的に21か国の教育施設に行くことができた。

これは、夢を叶えるのも同じ仕組みだ。

例えば、ミュージシャンとしてCDを出したい人がいるとする。自分のミュージシャンとしての腕を磨くのは大前提として、自分はできると信じ続ける。また、「今、こうした活動をしていて、CDを出したい」と色々な人に言い続けることが大切だ。

そうすると、「今度ライブがあるから、参加してみない？」「音楽関係の仕事している人と繋がりありますよ。紹介できますよ」「アーティストを探している人がいるよ」などと話が次々と舞い込んでくる。

そして、こうしたチャンスがきたときは、自分にとってハードルが高いと感じるかもしれないが、まずは「やってみる」ということが大切だ。最初から完璧な人はいない。トライ&エラーを繰り返して、力を身につけていく。

夢を叶えるにはそれなりに努力が必要だ。必要なのは意味のある努力だ。意味のない努力は無駄だ。自分が達成したいことを達成するには、どんなことが必要かを正しく見極め、「根拠のない自信をもつこと（自分のやりたいこと信じ続けること）」「自分のやりたいことを色々な人も言い続けること」を繰り返し、自己実現をする人が少しでも増えてほしいと願っている。

2　現状を俯瞰し、現状に感謝する力

世界一周中、あんなに食べたかった寿司も、帰国後1週間もすれば、飽きるし、残すことも出てくる。旅前、あんなに思いをはせていた観光地も、色々な観光地を訪れていると、だんだんと飽きてきて、1日中ホテルで作業をする日もあった。

つまり、人間は色々な願望がありながらも、いざそれを経験してしまうとすぐに飽きてしまうのだ。経験したことはないが、もし、大金持ちになり、超贅沢な生活をしていても、1週間くらいで飽きがきてしまうだろう。人間はそういうものなのだと思う。そのくらい「飽きる」という感情はすぐ側にいるのだ。

そこで、大事なのが「現状を俯瞰し、現状に感謝する力」だと考える。そうすることで、当たり前が当たり前でなくなる。

当たり前の反対を知っている人はいるだろうか？

それは、「有難い（ありがたい）」ということだ。あることが常ではない、つまり、あることが難しいもの、あり難きものであるということだ。

物事は何でも出会ったばかりは新鮮だ。付き合いたてのカップルも、最初はお互い初めてのことばかりで新鮮だ。例えば、彼氏がいつも自分から家事洗濯を手伝ってくれるとする。最初は「こんなに家事洗濯に協力してくれる人がいるんだ」と驚き、感謝の気持ちになるだろう。

しかし、何年も過ごしていると「彼氏は家事洗濯をしてくれるのが当たり前」となり、感謝の気持ちが薄れてきてしまう。しかし、周りを見渡したときに、「家事洗濯をしてくれる彼氏は珍しいこと」に気づく。それから「感謝の気持ち」が再熱することもある。

人は当たり前というように感じてしまう時点でマイナスの感情が働く。日常の1つひとつが当たり前でないことを意識することで、「有難い」というプラスの感情が働く。これは人間が生きる上でとても大事なことだと考える。

人間はすぐに慣れる生き物だからこそ、慣れたり、飽きたりしないためには現状を俯瞰し、感謝することで、毎日がより充実すると考える。

最後に「感謝」について考える。僕は感謝の力はあると思う。家族がいることに感謝、周りの支えてくれる人に感謝、食べ物に感謝など様々な人やものに感謝することの大切さを実感している。

感謝することで、自分も幸せな気持ちになる。自分が幸せな気持ちになれば、周りにも伝染する。それを見て自分も幸せな気分になる。こうして感謝はいずれ自分に返ってくると思う。

3　期待の反動

世界一周が終わると、すぐに教員採用試験の受験モードに突入した。試験は受かるかどうかわからない。いくら自信があっても、試験は水物で何が起こるかわからない。普段の生活で、僕は自信のある自分をつくっていた。しかし、心の奥底では、不安と戦っていた。

つまり、「試験に受かる」という「期待」をしていたのだ。受験生なら「試験に受かることを期待すること」は誰しも同じだ。しかし、それが僕にはストレスになった。不安だった。ある日、電車の中でボーッと過ごしていると「期待するから不安になる」ということに気づいた。期待することは色々な場面である。

例えば、好きな人ができたとき、相手からメールが来ることを期待する。学校や仕事帰りに携帯電話をどきどきしながら開き、メールがきているととても嬉しい。反対にメールが来ていないとひどく落ち込む。

試験の場合、試験に受かることを期待すると、落ちたときの衝撃が大きい。

今回の試験では「受かるのか、受からないのか」ではなく、「自分の力を出せるかどうか」を意識した。なぜなら、試験をやってもいない中で、「試験の結果」を気にしても意味がないと思ったのだ。

大事なのは、試験で自分の積み上げてきた結果を出すことだ。自分の全力を出して、合格か不合格かは、僕たち受験者はコントロールできず、試験を出す側が判断することなのだ。自分の能力が発揮できるかを意識したことで、落ち着いて学習を進めることができた。また、どちらに転んでも生きる術は想定していた。

「期待する」ということは、人間の心をドキドキさせ、日常のモチベーションになる。期待が当たった場合は、大きな喜びになる。

反対に、期待が外れたときは大きなショックを受ける。まさにジェットコースターのようにだ。そこで僕は「期待する」ことをやめた。人間だから、完全に「期待する」ことをやめることはできないが、できるかぎり「期待すること」をやめるようにした。

すると随分気持ちが楽になった。期待しないから、他人に任せず、自分が行動することが多くなった。今は周りに流されず、自分のやりたいように生きるようになったと思う。

「期待しない」ということは「冷たいイメージ」を抱く人がいるかもしれないが、意外とそうでもない。今まで日々起こる様々なことに一喜一憂して自分から解放された気持ちでいる。

4　ご機嫌でいること

今までは全員と仲良くしていたいと思っていた。また、全員に嫌われたくないと思っていた。日本人は相手を意識する人種からか、同じように思う人は多いのではないかと思う。一緒にいたら互いにストレスになってしまう人ともうまく付き合おうとしていた。

しかし、それにはストレスがかかるから、とてもエネルギーをつかう。実際に嫌な気持ちになりながらも関わりを続けていた。しかし、積み重なるとやはりストレスになっていた。ある日、YouTubeで「やらないことを決める」ことの大切さについて語る動画を見て、マイナスのエネルギーが働くことに関わらないことを意識することにした。これも実におすすめだ。もちろん生きていく上で関わらないといけない人、関わるべき人、ストレスはあるかもしれないが、色々と教えてくれる人など様々がいる。

これらの方々すべてを手放すという話ではない。口を開けば愚痴しか言わない人、自分が関わっていて「嫌だな」と思う人から離れるということだ。

こうした人と関わらないようにすることで、気持ちは随分楽になったし、本当に大切な人や大事なことが見えた感覚もある。ストレスを徹底的になくし「ご機嫌でいること」はとても重要だ。僕のご機嫌の解釈は「笑顔で気持ちに余裕をもち、何にでもサッと対応できる状態、気持ちを真ん中に置くこと」だ。もっと言うと身体面、精神面で必要のないストレスをなくし、いつも気持ちがフラットな状態でいることである。この状態を目指すには、期待することやネガティヴな感情を抱く可能性があるもので、特別必要と感じるものをなくしていくことが必要だ。

もちろん人間である以上、突然の出来事で気持ちの上下はある。僕は気持ちが揺れた後に、フラットの状態に戻そうとする意識がとても大切だと思うのだ。身体的に疲労していたら、整体やマッサージを受けるなど、体の微妙な変化を捉え癒すことも忘れてはならない。こうして「よい気分」の状態を保つということだ。

この状態をつくることで、どんなことが起きても、多少のことでは驚かず、サッと対応できるようになる。ストレスは自分のパフォーマンス能力を落とす。できる限りなくし、日々自分の能力を最大限発揮できる場に身をおきたい。

5　やらないことリストをつくる

「期待しない」「マイナスのことをしない」などやらないことリストをつくることはとても重要だと感じている。物事はやることで溢れている。もっというとやれることが可能なことで溢れている。そんな中で、「何をしないか？」を決めることで、やることがギュッと明確になる。脳にとっても効率がよいと思う。

日々過ごしていると様々な情報が飛び交い、考えることが多い。今まで色々なことについて考えなくてはいけなかった。けれど、目的を絞ることで、グッと大事なことにフォーカスされ、活発に脳も動き、よいアイデアも出やすくなると思うのだ。

結果、目的達成に近づくと考える。思考に制限をかけることで、その制限の中で考えなければいけなくなる。そうすることで、より面白いアイデアが生まれるという仕組みだ。やらないことを決めることで、やることが明確になり、やるべきことに集中することができる。よりコミットした生き方になる。

【図表 39　ウニユ塩湖（ボリビア）】

【図表 40　ペリト・モリノ（アルゼンチン）】

例えば、世界一周後にあるアルバイトを始めた。最初はやる気に満ちていた僕だが、店長のぶっきらぼうな態度、新しく入った人間に対する態度が冷たく、ストレスを感じていた。収入を得るためには、「アルバイトを続ける選択」はあったが、僕は「辞める」選択をした。なぜなら、ストレスに感じていたからだ。

ストレスを抱えると、そのことを思い出しただけで、憂鬱な気分になる。僕の場合、朝起きたときに「今日はバイトがあるのか……」と朝一番からマイナスの感情を抱いていた。もちろんその感情のままバイトに行くと、パフォーマンス能力も落ちる。失敗もした。

アルバイトを辞めてから、僕のアルバイトに対するストレスはなくなった。とても気持ちが楽になったし、もう「今日バイトか……」と朝から落ち込むことはない。そうすると自ずと、他の生活でも笑顔が増え、パフォーマンス能力が上がった。

人生100年と考えたときに現在32歳（2021年3月現在）で、残り68年間しか自分の人生は残っていない。制限時間は決まっている。僕は68年間をとても充実した時間にしたい。そう考えたときに、「感じる必要のないストレス」をできる限り排除したいのだ。

もちろん全くストレスのない生活を送ることは不可能に近い。しかし、ある程度、軽減、回避できることはいくらでもあると思う。その1つの例が「やらないことを決めること」だ。僕の中では、「マイナスになることをしない」ということだ。人生は1回きりだ。

より充実した人生を送るために「やらないことを決めること」を今後も継続していく。

第9章　幸せって何だろう？

1　カンボジアで知った幸せについて考えること

僕は、自分の幸せについて考えを深めるために、世界中の人に「あなたにとって幸せとは何ですか？」の質問を聞いて回った。

世界一周前、僕の友人Aさんが「私は幸せじゃない」と言っていた。Aさんはとても落ち込んでいて、何もかもが嫌になっている状態だった。僕にとって身近でそういうことを言う人は初めてだった。そんなAさんの友人として僕は何としても力になりたかった。そこで「幸せってなんだ？」と深く考えるようになった。

今まで恥ずかしいことに「幸せ」について深く考えてこなかった。

だからこそ、世界一周で様々な人に会い、それぞれの幸せ観を聞き、自分の幸せについての考えを深めたいと思い、このプロジェクトを行うことにした。

カンボジアで出会ったおばあちゃんに質問したとき、とても考えさせられた。僕は他の人と同様に、おばあちゃんに「あなたにとって幸せとは何ですか？」と質問した。

「お金があったら幸せ、お金がなかったら幸せじゃない。カンボジアはお金がないから幸せじゃない」とおばあちゃんは言った。

僕はこの返事に衝撃を受けた。もしかしたら「幸せ」について考えられるということは僕らに「余裕」があるからなのかもしれない。

おばあちゃんにとっては、上から目線の質問になってしまったかもしれない。幸せについて考えられないくらい余裕もなく「貧乏」を感じながら毎日を過ごしているということだ。僕はここで、こうした思いのまま人生を終える人もいるということを知った。とても複雑な気持ちになった。それ以上、おばあちゃんに質問はできなかった。

世の中には様々な人がいる。裕福な人、裕福でない人など様々だ。その中で、それぞれが色々な場面で様々なことを考える。自分の幸せについて考える時間と余裕があるということはとても恵まれていることかもしれない。僕は今の環境に感謝して、自分ができることをやろうと思った瞬間だった。

2　インドで知った幸せの話

インドのバラナシに日本人がつくった「マザーベービースクール」がある。

この学校では、事前に申込みをすれば30分の時間をいただき、学校の子どもたちに授業を行うことができるのだ。僕は２回授業を行った。

１回目は「日本の文化について」、２回目は「話の聞き方について」だ。子どもたちにどこまで伝わったかわからないが、真剣に話を聞いてくれて嬉しかったのを今でも覚えている。その学校には日本人スタッフとしてひろよさんが勤めている。ひろよさんからいただいた言葉が今でもずっと心の中で残っている。

「あの子たちは周りから見たら貧困かもしれない。だけど、貧幸だよ」

つまり、インドの子たちは、日本人のような比較的裕福な国の人から見たら「貧困」だと感じるかもしれない。

しかし、インドの子たちにとって、家族がいて、住む場所があって、学校に行って勉強することができて、友達がいて……何一つ不幸せなことはないということだ。

僕は今まで色々なことを知っていて、視野が広いほうが幸せだと思っていた。視点を沢山もっていると、何か1つの出来事があったとき、あらゆる方向から物事を考えることができる。それはとても豊かなことだなと考えていた。

しかし、ひろよさんが言うように、インドの子たちは、周りを知らないから、自分たちを貧困だと感じない。さらに、何一つ足りないものはないと感じているから幸せを感じている。こういう幸せもあるのだと驚いた。「すべて揃っている」「綺麗」「物知り」「色々なことができる」だけが幸せではないことを教わった。

3　デンマーク人から学ぶ「幸せ」とは

デンマークは世界一幸福度が高いと言われている。以前から興味はあったが、謎に包まれていた。

しかし、デンマークに行ってみて少しわかった気がする。

デンマークは、世界有数の高税率国家である。消費税は25％、所得税は年収のほぼ50％、学校、病院はすべて無料、有給休暇は年間約1か月。国民の80%は幸福を実感している。そんな国である。

様々な縁でデンマーク人のPさん宅に泊まらせていただくことになった。Pさんは日本に何度も行ったことがあり、日本語を話すことができたので、色々な話をすることができた。日本のこと、デンマークのことなど様々な話をした。その中で、印象に残っている言葉がある。

「デンマーク人は幸せというより、今の生活に満足している。一生懸命働いて、高い税金を払って、教育費や医療費が無料など、他にも沢山の税金の恩恵を受けている。デンマーク人は何もしないで、幸せを感じているのではない」

つまり、毎日汗水垂らして働いて、高い税金を払っているからこそ、今の生活に満足しているということだ。何かを犠牲にして、それなりの対価が得られていることはとても嬉しいことだ。楽して満足した生活を得られているのではない、ということを教わった気がした。

4　デンマーク人が大切にしているヒュッゲ

ヒュッゲ(Hygge)という言葉を知っている人はいるだろうか?

ヒュッゲは色々な訳し方をしているが「親しい仲間や家族とゆっくりする時間」「居心地のよい時間や空間」といった具合に訳される。

つまり、親しい人とのんびりする時間だ。日本人でこうした時間をとっている人は、どのくらいいるのだろうか？

実際にデンマーク人のPさん宅にお世話になったときに、ヒュッゲを体験することができた。Pさん夫婦は、今日1日の出来事を話したり、その日テレビでやっていたサッカーの試合を一緒に応援したりしていた。何かを生み出すのでもなく、ただ仲間とゆっくりする時間だ。とても心地よかった。心の中がリセットされる感覚、満たされる感覚があった。ここでもPさんの印象に残っている言葉がある。

「幸せって簡単、ケンカなんてする必要がないよね。僕たちは結婚して、30年経つけど毎日ヒュッゲでこうして何でも正直に話し合っている。だから、ケンカなんてしないよ」

心底納得した。今日1日で起こったことに対して言いたいことを我慢するから、ストレスが溜まる。それらを話して、その日のうちに解決し、すっきりしてから、1日が終われば毎日充実した日々を送ることができる。本当はそれくらい幸せになるということは案外シンプルなのかもしれない。

5 何もしない時間をつくる

ヒュッゲを知ってから、1日の中で「何もしない時間」をつくった。この時間がとてもよい。何もしないことで、何かが入ってくる感覚がある。様々なアイデアが出てきて「どうしようかな？」と思っていたことが解決することがある。

ぜひ少しでも興味がある人は「何もしない時間」をつくってほしい。何もしないことで、脳が活性化して、様々なことが入ってくるのかもしれない。

6　自分の人生を見つめ直す時間をとること

フォルケ・ホイスコーレという学校を知っているだろうか?

フォルケ・ホイスコーレとは、北欧独自の教育機関で、大学、専門学校、就職、フォルケ・ホイスコーレという高校卒業後の進路の選択肢になっていて、156年の歴史がある。試験や成績が一切ない。授業はディスカッション形式で進める。

高校卒業したくらいの年齢の学生が寮生活をする。外国人にも国から補助金が出て、安価で通学することができる（見学した際、沢山の日本人もいた）。生きていると自分の将来について悩むことが多い。しかし、結局は近しい方々と相談をして、将来を決めることが多い。

フォルケ・ホイスコーレは、自分と同じように将来について悩んでいる世界各国の学生と寮生活をするのだ。

さらに環境も素晴らしい。

大自然に囲まれていて、家具や家電は居心地をよくするために工夫されている。先生が立ち入り禁止のナイトクラブも併設されている。

こうした環境で数か月、自分自身と徹底的に向き合う。迷ったときは、同じ境遇の仲間と相談し合う。日本でこうした時間をとることができる人がどのくらいいるのだろうか。

僕はこうしたデンマークの制度を知ってとても感動した。僕自身も、高校、大学、就職とそれなりに悩んで今に至るが、ある一定期間、同じ境遇の仲間と自分自身と徹底的に向き合った経験がない。

僕の場合は、友人の死や恩師の事故、自分の人生をつかって何をしたいか考える研修を受けたことなどが重なり、自分の人生を振り返る経験ができたから、「世界一周をしたい」「帰国後も、もう一度教員になりたい」と決心することができた。

しかし、世の中には、何となく就職して、何となく、家族ができて、何となく、定年を迎え、死んでいく人も相当な割合でいるのではないだろうか。デンマークのフォルケ・ホイスコーレの制度を知って、改めて「人間にとって、自分の人生を見つめ直す時間をとること」はとても大切だと感じた。

7　あなたにとって幸せとは何ですか？

幸せとは、何だろうか？

この問いは僕にとってとても興味深い。教育と同時に興味のある分野だ。せっかく旅で様々な人に出会うということで、様々な人に同じ質問をして、自分の幸せについての考えを深めたかった。だから出会う人に「あなたにとって幸せとは何ですか？」という質問をし続けた。

結果202人に質問することができた。質問の流れは、世間話をして、関係がつくれたときに、今回の趣旨を伝え「あなたにとって幸せとは何ですか？」「What is your happiness?」と聞いた。回答者は、自分の答えをホワイトボードに書き、その後「なぜこの答えを書いたのか端的に話す」という流れだ。

これが実に面白かった。特に、なぜこの答えを書いたのかを端的に話す時間は全員が生き生きとしていた。

また、202人の答えを今見ても、すべての答えが「あ～そうだよね、大切だよね」と納得できるものだ。僕の幸せ観はというと、最初は「自由であること」だった。「自由である」ということは僕にとってとても幸せなことだ。好きな場所に住むことができて、好きな食べ物を食べることができて、好きな人と一緒にいることができることは、とても幸せなことだなと思っていた。今でも自由は大切だと考える。

しかし、様々な方の「幸せ」に触れることで変化した。最終的には、僕にとっての幸せは「愛」である。

愛とは、自分が愛しているとき、愛されていると感じたとき、この上ない幸せを感じる。また、友達同士でも誰も攻撃する人がいない愛に満ちた空間が好きだ。

その他も「愛」を感じたとき、とても幸せな気持ちになる。逆に、愛を感じない行動、愛を感じない言動を感じたときにとても不幸せな気持ちになる。だから、今の僕の幸せは「愛」である。

202人の「幸せ」を少し紹介しよう。

・パレスチナ難民キャンプに住む医者「Peace」
・フランスで出会ったスペイン人「家族」
・ヨルダンでお世話になったゲストハウスのオーナー「旅行すること」
・カンボジアで出会ったカンボジア人の友達「家族が仲良し」
・ベトナムで出会った日本人「大爆笑」
・バリ島で出会ったインドネシア人「人の役に立つこと」
・オーストラリアで出会った韓国人「自分を信じてくれる人がいること」
・リトアニアの杉原千畝館の受付で働いていたリトアニア人「愛する人と過ごす時間」
・エチオピアの学校の校長先生「自分たちの国が平和であること」
・デンマークのフォルケ・ホイスコーレ出会ったデンマーク人「助けること」
・モロッコで出会ったお店の人「絨毯の商売ができること」
・エジプトの日本人宿のオーナー「平和に生きること」
・コロンビアで出会った小学校の校長先生「愛」
・パラグアイで出会った学校の理事長「健康」
・トルコで出会ったトルコ絨毯屋の店長「家族」
・ハンガリーで出会ったワイン工場のお兄さん「健康、家族、友達、ワイン」
・イギリスでお世話になった大学の教授「家族といること、新しいものを発見すること」

まだまだ沢山ある。インドでは世界は狭いかもしれないけど、身近に幸せがあることを学んだ。デンマークでは、日常の中で毎日親しい人とのんびりした時間をつくり、そこで1日の悩みをすべて解決して次の日を迎えること、自分に人生について深く考える期間をつくることの大切さを学んだ。

インドやデンマークでの経験を経て、僕が今幸せについて考えたとき、やはり視点を沢山もっているほうが幸せだと思っている。

なぜなら、視点が多いほうが、様々な角度から現状の幸せを感じることができるからだ。例えば、視点が少ないと今ある状態が、幸せか不幸せの二者択一である。例えば「お金があるから、幸せ」「お金がないから不幸せ」となる。不幸せだと感じたときにとてもショックを受けるだろう。一方、様々な視点があれば、不幸せだと感じても「僕の家は裕福な家庭ではないけれど、優しい両親と仲のよい家族がいて幸せだ」というように、柔軟な思考ができる。

この身近な幸せを感じる能力は日々様々な出来事に出会う人間にとって、とても大事な能力だ。

アメリカの大統領のコーチ等も務めるほど有名なアンソニーロビンスさんの講演会で、ある参加者が「どうしたら成功できますか?」と聞いたところ、アンソニーさんは「すでに成功していることに気づくことだよ」と言ったそうだ。

幸せは求めるのでなく身近にある。そのことに気づくことなのかもしれない。現在、32歳だが、20代の頃は「お金があったら幸せ」「野球が上手くなったら幸せ」「彼女がいたら幸せ」など「～があったら幸せ」いう思いが強かった。

しかし、アンソニーさんの言葉や、インドでの話、デンマークで学んだ幸せについてのことを考えると、幸せは日常に沢山あって、そんな日常の幸せにどれだけ気づくことなのかなと思う。以前、ある脳科学者A先生が言っていた言葉がある。

「小さなことに幸せを感じることができる人は幸福度が高い。だから1日の中で、何度も小さな幸せを感じることができる人は幸福度が高い」と言っていた。

例えば、「家族がいる」「愛する人がいる」「美味しい食事を食べることができる」「今日はよい天気だ」「今日会った店員さんが笑顔だった」などだ。

こうした小さな幸せが幸福度を高める。人はいつか死がくる。死が来るまで、「幸せを感じる時間」は無限ではない。いずれ死が来た時には、「幸せを感じる時間」はなくなってしまう。

だからこそ、「嫌だな」と思う時間よりも、「今日もラッキー」と思う時間を増やしたいものだ。

自分を含めて、世の中で「死」を身近に感じている人は少ない。「死」は意外とすぐ側にいる。

僕はいつ死んでも後悔しないように、命を燃やしていきたい。幸せには答えがない、その人がいかに幸せ感を感じることが大切だ。それは空から降ってくる物でも、誰かがくれるものでもない。自分で気づくものだ。今後の人生ではあらゆる場面で幸せを感じる時間を長くとっていきたい。

日本をはじめ、世界中の人がそれぞれ身近な幸せを感じ、明るく生きる世界になってほしい。

第10章　旅の終わりに

1　教育って何だ？

教育って何だろう？

改めて調べると「対象の人間の心身を変化させることを目的とした活動」（Wikipedia）とされる。

今まで教師を経験した7年間は、教育をする側にいた。

しかし、今回の旅での約1年間は、教育をされる側（厳密には僕は授業を受けるのではなく見学側）として、先生の授業や教室環境を観察した。

そこで、「得たことの中で1番の発見は何か？」と考えたときに思いつくのは、「子どもは学んでいる」ということだ。

大人、子ども関係なく、人は様々な環境の中で学んでいる。例えば、大人だったら、安売りしていた服を思わず買い、しばらく着ていたらすぐに色落ちしてしまったと後悔することがある。「安いものはそれなりのクオリティーだ」というのも学びだ。子どもだったら、川に行って、石をひっくり返したら、沢山の生き物がいた。「生き物は石の裏に隠れていることが多い」というのも学びだ。

このように、人間は日々思考を繰り返しながら学んでいる。今までの僕は、教室で教師がやりたいことをしていない子どもに対して「学習に戻さなければいけない」と思い、無理に教師がやりたいことに戻そうとしてしまっていた。どこか「教師は教え導かないといけない」というようなことを考えていたかもしれない。

子どもは本来常に学んでいる。教師の意図と違うことを行う子どもの姿は、教師がやりたい学びではないだろうが、学んではいるのだ。僕ら教師は子どもの学びをより深い学びに促進させるために存在する。

それは、子どもに「やらせる」のではなく、子どもが「やりたい」と思うような環境や仕組みをつくることが重要だ。そのために必要なことは沢山ある。子どもを理解すること、選択肢を与えること、子どもが思考しなければ前に進めない状況をつくることなどがある。

大事なのは「思考すること」だと考える。人生は限られている。教育も「思考する」練習なのではないかと思う。

僕が見てきた海外は普段の生活も学校も「自分で思考する」場面が溢れていた。だからこそ、子どもは自立し、自分の考えをもっていることが多かった。沢山思考していると、何か問題があった時にも、新たな対処法を思いつくこともある。

人間には知恵があり、思いやりがあり、言語がある。これらをすべてフル活用して、より幸せな人生を送るために教育がある。幸せに生きるために教育があると思うのだ。

僕は今、人生で一番楽しい。段々と人生が面白くなっていく感覚がある。それは多分、様々な知識を得て、色々なことが見えるようになり、考えられる幅が広がったからだと思う。僕は教育者として、この素晴らしい地球、日本に生まれたことを誇りにもち、自分らしい楽しい人生を送る人を増やしたい。そのために教育の側面からアプローチしていく。

2　幸せって何だ？

人は何かの縁で生まれ、やがて命を終える。宇宙規模でいったら、人間が生きる時間なんて、ほんの一瞬だ。その限られた時間をいかに充実した時間にするかが大事だと考える。死後の世界があるという人もいるが、僕はあまり信じない。死んだら、嬉しい、悲しい、怒り、楽しいなどの感情すべてがなくなってしまうと思うのだ。有限の時間だからこそ、死ぬときには「あー最高の人生だった」と言って死を迎えたい。

しかし、人は生まれた環境の違いで、僕みたいに「生きている時間は充実した時間にしたい」と思う人もいれば、「生きるというのは苦しみ」「早く人生を終わりにしたい」など、様々な考えをもつ人がいる。

考えはそれぞれ自由だ。もっと楽に、自由に生きることができる方法があるのに、そのことを知らず、苦しみながら、死んでいくのは、とてももったいないと思うのだ。

今回、世界一周をして、同じ時間でも、こんなにも優雅な時間を過ごしている人がいることに驚いた。日本のサラリーマンが日々の忙しさにてんてこまいになっている時間に、優雅に海でのんびりしお酒を飲んでいる人もいるのだ。

居酒屋で愚痴を言っている瞬間に、自分の家族や友達と笑顔で過ごしている人もいる。住んでいる環境や育った環境、言語など様々な違いはあるが、日々てんてこまいの人と、のんびり過ごしている人、愚痴を言っている人、家族や友達と笑顔で過ごす人は平等に時間を与えられているのだ。時間をどう捉え、どうつかうかで人生は変わる。

「僕にはそんな優雅な時間を過ごすのは無理だよ」と諦めるのはまだ早い。少し変えるだけで、いくらでも生活を変えることができるのだ。大事なのは情報を得ることだ。情報を得ることで、自分の考える幅も広がり、危険も回避できる。日々幸せに生きるためにも、日々情報収集し、自分がよりよい生き方ができるように舵を切っていく。

ほとんどの人間が「幸せに生きること」を目標として生きているのではないか。幸せは思っている以上に日常にあると思うのだ。それにも関わらず、幸せを感じていない人が多いのではないか。せっかく生まれた命、できるかぎり多くの人が「幸せ」を感じ、自分らしく生きる社会、それぞれのよさを認めあえる社会になることを心より願っている。

僕は「教育」という立場から、自分でできることをやっていく決意だ。本書が出版され、10年経った2031年3月末の僕に問いたい。

「あなたにとって幸せとは何ですか？」

「幸せを感じるために意識をしていますか？」

幸せは自分が意識しないと感じることはできない。

この問いは、日々の慌しさに忙殺され「幸せを意識しない日々」を送らないように問う。

今後も教育、幸せについて追求する旅を続けていく。

あとがき

まずは本書を手にとって、最後まで読んでいただいたことに感謝致します。僕自身まだまだ未熟な人間です。そんな僕でも、世界一周をして様々なことを感じ、沢山のことを学びました。とても貴重な経験になったと思っています。本書には旅で学んだことのすべてを最大限書きました。

僕みたいな人間が世界中の景色や文化、人に触れて感じたこと、学んだこと、帰国して感じたことなどすべてが詰まっています。本書はもはや僕の頭の中かもしれません。文中でも書きましたが、こうして、僕の学びと決意を文に残すことで、今後の逃げ道をなくしました。

今まで、「自分がどんな人間か？」「何がしたいか？」ということは頭の中ではありましたが、人に言えるような自信はありませんでした。しかし、こうして本に書いたり、誰かに話したりすることで、自分の思いが強くなってくとともに、自分の人生が方向づけられていく感覚があります。

僕自身、過去を振り返ると、「本当の自分を出せない人間」でした。そして、レールから外れてはダメだとレールにしがみついて生きている人間でした。

しかし、世界一周を通して、色々な価値観に触れる中で、自分がどう生きたいかが明確になってきています。そして、ありのままに自分らしく生きるのがよいことを体感しました。

僕は、「すべての人が自分らしく生き、互いのよさを尊重し合う、本当の意味で、みんな違ってみんないい社会」をつくりたいです。なぜなら、過去の自分が、思ったことを言ったり、やったりするのを我慢して生きてきたからです。

そして、時に自分が思ったことを言うと、受け入れられないことも多くありました。自分の考えに自信がなくなっていきました。そんな人を1人でもなくしたいです。すべての人に生まれた価値があります。輝く能力をもっています。

だからこそ、すべての人が自分らしさを全力で発揮し、それぞれのよさを認め合える社会をつくりたいと思っています。全員が自分らしく、違いを尊重し合う関係になれば、もっと優しい社会になると考えます。これからの人生、僕は僕らしく命を燃やして生きていきます。僕ができることは僅かかもしれませんが、できることをやっていきます。

今回の世界一周にあたり、多くの人の支えがあり、無事に終えることができました。旅中で出会った人たちのおかげで充実した時間となりました。関わってくださったすべての人たちに感謝いたします。

世界一周の旅で学んだことや感じたことは僕にとって財産です。本書を読んで、何かを考えるきっかけになったり、人の人生ではなく、自分の人生を歩もうと思ったりする人が増えたら嬉しいです。

最後に、本書を執筆するきっかけをつくってくださった伊藤史織さんをはじめとする関係者の皆様に感謝致します。少しでも多くの方に僕の思いが届いたら嬉しいです。

2021年2月

細貝　駿

著者略歴

細貝　駿（ほそがい　しゅん）

東京都の市内で４年間、島しょ地区で３年間、計７年間小学校教師を経験。大学在学時の友人の死や恩師の事故により、死を身近に感じるとともに、人生いつ何が起こるかわからないと感じ、「世の中の様々な景色や人、文化などに出会い、地球を味わい尽くして死にたい」と考え、世界一周を決意する。

世界一周では47か国に訪れ、21か国の教育施設で授業や生活を見学する。帰国後は東京都の区内で小学校教師として働く。しかし、世界一周で学んだ「居心地の良い環境に身を置く大切さ」を考えた際に「ベターよりベストな場所で人生を送りたい」と決心し、沖縄県移住をする。

現在は沖縄県で小学校教師として働く傍ら、世界一周での経験を伝える活動を行ったり、絵本執筆を行ったりしている。


小学校教師を辞めて、世界の学校を回ってみた

2021年３月30日　初版発行　　2024年８月21日　第３刷発行

著　者　細貝　駿　© Shun Hosogai

発行人　森　　忠順

発行所　株式会社 セルバ出版
〒 113-0034
東京都文京区湯島１丁目 12 番６号 高関ビル５Ｂ
☎ 03（5812）1178　　FAX 03（5812）1188
http://www.seluba.co.jp/

発　売　株式会社 三省堂書店／創英社
〒 101-0051
東京都千代田区神田神保町１丁目１番地
☎ 03（3291）2295　　FAX 03（3292）7687

印刷・製本　株式会社丸井工文社

●本書の内容に関する質問は FAX でお願いします。

Printed in JAPAN
ISBN978-4-86367-646-6